教師教育テキストシリーズ 15

教育実習

高野 和子・岩田 康之 編

学文社

■執筆者■

三輪	定宣	千葉大学（名誉教授）	［序］
＊高野	和子	明治大学	［第1章，10章］
別惣	淳二	兵庫教育大学	［第2章］
中田	高俊	国立大学附属小学校	［受入側］
伊藤	直樹	明治大学	［第3章］
藤田	誠	元公立特別支援学校	［受入側］
小柏	博英	市社会福祉協議会	［受入側］
＊岩田	康之	東京学芸大学	［第4章］
佐藤	幹男	仙台大学	［第5章］
平谷	宏祐	公立高等学校	［受入側］
前田	輪音	北海道教育大学 （2010年3月まで北海学園大学）	［第6章］
佐藤	英二	明治大学	［第7章］
馬場	敦	私立大学大学院生	［実習側］
藤田	香織	私立大学学生	［実習側］
菅	達徳	私立大学付属高等学校	［受入側］
福井	雅英	北海道教育大学	［第8章］
和泉	桃花	私立大学学生	［実習側］
大平	浩樹	公立中学校	［受入側］
三石	初雄	東京学芸大学	［第9章］
高城	英子	公立中学校	［受入側］
丸尾	大樹	公立特別支援学校	［受入側］

（執筆順，［実習側］は執筆時／＊印は第15巻編者）

まえがき

　本書,『教育実習』は「教師教育テキストシリーズ」全15巻を構成する最後の巻となっている。
　現行教員免許制度で,「教育実習」は,免許状取得のために必要となる各科目の修得方法を規定した教育職員免許法施行規則（第6条付表）において,「教職に関する科目」の最後からふたつめ（第5欄）におかれている。「教育実習」は,教員免許状取得に至る学びのなかで,それまでの学びをまとめて振り返る契機,という位置づけを与えられてきたのである。
　本書は,全体として「教育実習」を履修する大学生を主たる読者対象としている。とくに,第1章・第4章・第5章・第6章は,学校での教育実習に出かけるに際して,直接的な準備に役立つ内容となっている。
　同時に,本書は,目次を見ていただければわかるように,学校実習に出かける時期だけを念頭において編まれたものではない。第2章で詳しく述べられているように,近年では,大学生活の早い時期から,さまざまな形で学校現場を体験する機会が増えてきている。本書は,学校実習の前の直接的な準備に役立つものとなるだけではなく,第3章で扱う「介護等体験」も含め,入学後の早い段階から,大学の学内での授業と,大学外でのさまざまな体験とを照らし合わせて,教職への道を考えてもらうための手がかりとなるテキストを意図している。
　たとえば,第7章・第8章・第9章は,学校実習の前に読むだけではなく,それ他の大学での授業——たとえば,「教育課程論」「生徒指導論」「特別活動論」「教職入門」といった科目名の授業——を履修する際に,それらの授業のテキストと並行して読んでもらいたいし,さらに,学校実習の終了後,事後指導や「教職実践演習」の授業の際に読み返していただきたい。入学以来,さまざまな体験を通じて学校や子どもが自分との関係で具体的な存在となり,さら

に一定範囲の責任をもつ「先生」として過ごす学校実習の期間を経たことで，あなたが同じテキストの読むその読み取り方にどのような変化が生じただろうか？　その変化が自覚できれば，自分自身の成長と教員をめざす者としての次の課題が明らかになってくるにちがいない。学校実習が終わって振り返りをするこの段階では，第10章が一助となるだろう。

　本書の構成が示しているように，大学での教員養成の過程で学んだことすべてがかかわってくるのが「教育実習」である。にもかかわらず，あるいは，その総合的な性格ゆえにか，「教育実習」は，教育学の研究対象としては十分に位置づけられてきたとは言いがたいところがある。本書を通読すれば，参考文献として同一の書物がいくつもの章で紹介されていることに気づくだろうが，このことにも，「教育実習」に関して依拠すべき先行研究がどのような状況にあるかが表れている。学生のためのテキストをめざした本書が，「教育実習」の研究という側面においても，ささやかでも寄与するところがあれば，幸いである。

第15巻編者　高野　和子
岩田　康之

目　次

まえがき

序 ──────────────────────────────── 7

第1章　教職と教育実習 ─────────────── 14

　　1　教育実習の位置　14
　　2　大学における教員養成と教育実習　17

第2章　教員養成における体験的カリキュラム ──── 21

　　1　「体験的カリキュラム」の背景　21
　　2　「体験―省察」と「モデル・コア・カリキュラム」　25
　　3　教員養成系大学・学部における「体験的カリキュラム」　28
　　4　「体験的カリキュラム」の特徴と意義　35
　　【受入側】教師としての視野を広げるために　39

第3章　介護等体験 ─────────────────── 43

　　1　介護等体験の趣旨　43
　　2　介護等体験の内容　52
　　【受入側】特別支援学校での介護等体験　60
　　【受入側】社会福祉施設での介護等体験　63

第4章　教育実習とは何か ──────────────── 67

　　1　専門職養成と「実習」　67
　　2　教員養成カリキュラムにおける教育実習　72

3　教育実習のかかえる課題　75

第5章　教育実習をめぐる仕組み ──────────────── 81

　　　1　「課程認定」と教育実習　82
　　　2　教育実習の概要　84
　　　3　教育実習をめぐる諸問題　88
　　　4　今後の課題　94
　　　【受入側】教育実習受入校から　96

第6章　教育実習に入る前に ──────────────── 99

　　　1　教育実習の準備　99
　　　2　事前指導と実習校とのコンタクト──実習にいたるまで　100
　　　3　教育実習の内容　102
　　　4　教育実習日誌を記録する意義　106
　　　5　教育実習の流れ　107

第7章　教科教育 ──────────────────── 117

　　　1　学習指導案　117
　　　2　教材研究　118
　　　3　1時間の授業の構成　122
　　　4　授業における教師のはたらきかけ　125
　　　5　授業の観察と評価　129
　　　【実習側】教育実習体験（教科教育）　134
　　　【実習側】教育実習体験（教科教育）　136
　　　【受入側】指導教員から（教科教育）　139

第 8 章　教科外教育 ———————————————————— 142

    1　特別活動の大きな可能性　143

    2　総合学習の学びを考える　148

    3　いのちと平和の尊さを考える道徳教育　149

    4　生徒指導を考える　151

    5　生徒指導と教育相談の融合　156

    6　同僚と共同で進める──子ども理解のカンファレンス　157

    【実習側】教育実習体験（教科外教育）　160

    【受入側】指導教員から（教科外教育）　163

第 9 章　学校と地域の変貌と教師の仕事 ———————————— 166

    1　激変する学校教育環境のなかの教師　166

    2　学級担任・コーディネーターとしての教師　171

    3　実践研究をめざす教師像を求めて　176

    【受入側】広い視野をもって教育実習をすすめよう　182

第 10 章　教育実習をどう生かしていくか ————————————— 185

    1　大学の学びのなかで「教育実習」を再確認する　185

    2　教職キャリア全体のなかでの「教育実習」　188

    【受入側】指導教員から（特別支援学校での介護等体験）　193

索　引 ———————————————————————————— 197

序　教師と教育学

1　本シリーズの特徴

　この「教師教育テキストシリーズ」は，教師に必要とされる教職教養・教育学の基本知識を確実に理解することを主眼に，大学の教職課程のテキストとして刊行される。

　編集の基調は，教師教育学（研究）を基礎に，各分野の教育学（教育諸科学）の蓄積・成果を教師教育（養成・採用・研修等）のテキストに生かそうとしたことである。その方針のもとに，各巻の編集責任者が，教育学各分野と教師・教職との関係を論じた論稿を執筆し，また，読者の立場から，全巻を通じて次のような観点を考慮した。

① 教育学テキストとして必要な基本的・体系的知識が修得できる。
② 教育諸科学の研究成果が踏まえられ，その研究関心に応える。
③ 教職の責任・困難・複雑さに応え，専門職性の確立に寄与する。
④ 教職，教育実践にとっての教育学の重要性，有用性が理解できる。
⑤ 事例，トピック，問題など，具体的な実践や事実が述べられる。
⑥ 教育における人間像，人間性・人格の考察を深める。
⑦ 子どもの理解・権利保障，子どもとの関係づくりに役立つ。
⑧ 教職員どうしや保護者・住民などとの連帯・協働・協同が促される。
⑨ 教育実践・研究・改革への意欲，能力が高まる。
⑩ 教育を広い視野（教育と教育条件・制度・政策，地域，社会，国家，世界，人類的課題，歴史，社会や生涯にわたる学習，などとの関係）から考える。

　教育学研究の成果を，教師の実践的指導やその力量形成，教職活動全体にど

う生かすかは，教育学界と教育現場の重要な共同の課題であり，本シリーズは，その試みである。企画の性格上，教育諸学会に属する日本教師教育学会会員が多数，執筆しており，将来，医学界で医学教育マニュアル作成や教材開発も手がける日本医学教育学会に類する活動が同学会・会員に期待されよう。

2 教職の専門職制の確立と教育学

近代以降，学校制度の発達にともない，教師の職業が公的に成立し，専門的資格・免許が必要とされ，公教育の拡大とともに養成期間の長期化・高学歴化がすすみ，近年，「学問の自由」と一体的に教職の「専門職」制の確立が国際的趨勢となっている（1966年，ILO・ユネスコ「教師の地位に関する勧告」6，61項）。その基調のもとに教師の専門性，専門的力量の向上がめざされている。

すなわち，「教育を受ける権利」（教育への権利）（日本国憲法第26条，国際人権A規約第13条（1966年））の実現，「個人の尊厳」に基づく「人格の完成」（教育基本法前文・第1条，前掲規約第13条），「人格の全面的発達」（前掲勧告3項），「子どもの人格，才能並びに精神的及び身体的な能力をその可能な最大限度まで発達させる」（1989年，子どもの権利条第29条）など，国民全体の奉仕者である教師の重要かつ困難な使命，職責が，教職の専門職制，専門的力量の向上，その学問的基礎の確立を必要としているといえよう。とりわけ，「真理を希求する人間の育成を期する」教育において，真理の探究をめざす「学問の自由」の尊重が根幹とされている（教育基本法前文，第2条）。

今日，21世紀の「知識基盤社会」の展望のもとで，平和・人権・環境・持続的開発などの人類的課題の解決を担う民主的市民の形成のため，生涯学習の一環として，高等教育の機会均等が重視され（1998年，ユネスコ「21世紀に向けた高等教育世界宣言」），各国で「教育最優先」が強調されている。その趨勢のもとで各国の教育改革では教職・学校・自治体の自治と責任が増大し，教師は，教育改革の鍵となる人（key actor）として，学校外でも地域社会の教育活動の調整者（co-ordinator），地域社会の変革の代行者（agent）などの役割が期待されている（1996年，ユネスコ「教師の地位と役割に関する勧告」宣言，前文）。そのよ

うな現代の教職に「ふさわしい学問的・専門的能力を備えた教師を養成し，最も適格の青年を教職に惹きつけるため，教師の教育者のための知的挑戦プログラムの開発・提供」が勧告されている（同1・3・5項）。その課題として，教員養成カリキュラム・授業の改革，年限延長，大学院進学・修学の促進などを基本とする教師の学問的能力の向上方策が重要になろう。

　教職の基礎となる学問の分野は，通常，一般教養，教科の専門教養，教育に関する教職教養に大別され，それらに対応し，大学の教員養成課程では，一般教養科目，専門教育科目，教職科目に区分される。そのうち，教職の専門職制の確立には教職教養，教育学が基礎となるが，各領域について広い学問的知識，学問愛好の精神，真理探究の研究能力，批判的・創造的・共同的思考などの学問的能力が必要とされる。

　教育学とは，教育に関する学問，教育諸科学の総称であり，教育の実践や事実の研究，教育的価値・条理・法則の探究などを課題とし，その成果や方法は，教育の実践や事実の考察の土台，手段として有効に生かすことができる。今日，それは総合的な「教育学」のほか，個別の教育学（○○教育学）に専門分化し多彩に発展し，教職教養の学問的ベースは豊富に蓄積されている。教育研究者は，通常，そのいずれかに立脚して研究活動を行い，その成果の発表，討論，共同・学際的研究，情報交換，交流などの促進のため学会・研究会等が組織されている。現場教師もそこに参加しており，今後，いっそうすすむであろう。教職科目では，教育学の成果を基礎に，教職に焦点化し，教師の資質能力の向上や教職活動との関係が主に論じられる。

　以下，教職教養の基盤である教育学の分野とそれに対応する学会例（全国規模）を挙げ，本シリーズ各巻名を付記する。教職教養のあり方や教育学の分野区分は，「教師と教育学」の重要テーマであるが，ここでは概観にとどめる。

　A．一般的分野
　① 教職の意義・役割＝日本教師教育学会【第2巻・教職論】
　② 教育の本質や理念・目標＝日本教育学会，日本教育哲学会【第1巻・教育学概論】

③ 教育の歴史や思想＝教育史学会，日本教育史学会，西洋教育史学会，教育思想史学会【第3巻・教育史】

④ 発達と学習＝日本教育心理学会，日本発達心理学会【第4巻・教育心理学】

⑤ 教育と社会＝日本教育社会学会，日本社会教育学会，日本生涯学習学会，日本公民館学会，日本図書館学会，全日本博物館学会【第5巻・教育社会学，第6巻・社会教育】

⑥ 教育と行財政・法・制度・政策＝日本教育行政学会，日本教育法学会，日本教育制度学会，日本教育政策学会，日本比較教育学会【第7巻・教育の法と制度】

⑦ 教育と経営＝日本教育経営学会【第8巻・学校経営】

⑧ 教育課程＝日本カリキュラム学会【第9巻・教育課程】

⑨ 教育方法・技術＝日本教育方法学会，日本教育技術学会，日本教育実践学会，日本協同教育学会，教育目標・評価学会，日本教育工学会，日本教育情報学会【第10巻・教育の方法・技術】

⑩ 教科教育法＝日本教科教育学会，各教科別教育学会

⑪ 道徳教育＝日本道徳教育学会，日本道徳教育方法学会【第11巻・道徳教育】

⑫ 教科外活動＝日本特別活動学会【第12巻・特別活動】

⑬ 生活指導＝日本生活指導学会【第13巻・生活指導】

⑭ 教育相談＝日本教育相談学会，日本学校教育相談学会，日本学校心理学会【第14巻・教育相談】

⑮ 進路指導＝日本キャリア教育学会（旧進路指導学会），日本キャリアデザイン学会

⑯ 教育実習，教職関連活動＝日本教師教育学会【第15巻・教育実習】

B. 個別的分野（例）

① 国際教育＝日本国際教育学会，日本国際理解教育学会

② 障害児教育＝日本特別支援教育学会

③ 保育・乳幼児教育＝日本保育学会，日本乳幼児教育学会，日本国際幼児学会
④ 高校教育＝日本高校教育学会
⑤ 高等教育＝日本高等教育学会，大学教育学会
⑥ 健康教育＝日本健康教育学会

　人間は「教育的動物」，「教育が人間をつくる」などといわれるように，教育は，人間の発達，人間社会の基本的いとなみとして，人類の歴史とともに存続してきた。それを理論的考察の対象とする教育学のルーツは，紀元前の教育論に遡ることができるが，学問としての成立を著者・著作にみると，近代科学革命を背景とするコメニウス『大教授学』(1657年) 以降であり，その後のルソー『エミール』(1762年)，ペスタロッチ『ゲルトルート児童教育法』(1801年)，ヘルバルト『一般教育学』(1806年)，デューイ『学校と社会』(1899年)，デュルケーム『教育と社会学』(1922年) などは，とりわけ各国に大きな影響を与えた。

　日本では，明治維新の文明開化，近代的学校制度を定めた「学制」(1872年) を契機に西洋の教育学が移入されたが，戦前，教育と学問の峻別や国家統制のもとでその発展が阻害された。戦後，1945年以降，憲法の「学問の自由」(第23条)，「教育を受ける権利」(第26条) の保障のもとで，教育学の各分野が飛躍的に発展し，教職科目・教養の基盤を形成している。

3　教員免許制度と教育学

　現行教員免許制度は，教育職員免許法 (1949年) に規定され，教員免許状授与の基準は，国が同法に定め，それに基づき大学が教員養成 (カリキュラム編成とそれに基づく授業) を行い，都道府県が免許状を授与する。同法は，「この法律は，教育職員の免許に関する基準を定め，教職員の資質の保持と向上を図ることを目的とする」(第1条) と規定している。

　その立法者意思は，学問の修得を基礎とする教職の専門職制の確立であり，現行制度を貫く基本原理となっている。たとえば，当時の文部省教職員養成課長として同法案の作成に当たった玖村敏雄は，その著書で次のように述べてい

る。

　「専門職としての医師がこの医学を修めなければならないように，教育という仕事のために教育に関係ある学問が十分に発達し，この学問的基礎に立って人間の育成という重要な仕事にたずさわる専門職がなければならない。人命が尊いから医師の職業が専門職になって来た。人間の育成ということもそれに劣らず貴い仕事であるから教員も専門職とならなければならない。」「免許状」制は「専門職制の確立」をめざすものである（『教育職員免許法同法施行法解説』学芸図書，1949年6月）。

　「大学において一般教養，専門教養及び教職教養の一定単位を履修したものでなければ教職員たるの免許状を与えないが，特に教育を専門職たらしめるものは教職教養である。」（「教職論」『教育科学』同学社，1949年8月）。

　現行（2008年改正）の教育職員免許法（第5条別表）は，免許基準として，「大学において修得することを必要とする最低単位数」を定め，その構成は，専門教養に相当する「教科に関する科目」，教職教養に相当する**「教職に関する科目」**及び両者を含む「教科又は教職に関する科目」である。教諭一種免許状（学部4年制）の場合，小学校8，41，10，計59単位，中学校20，31，8，計59単位，高校20，23，16，計59単位である。1単位は45学修時間（講義・演習は15〜30時間），1年間の授業期間は35週，学部卒業単位は124単位と定められている（大学設置基準）。

　同法施行規則（第6条付表）は，各科目の修得方法を規定し，「教職に関する科目」の場合，各欄の科目の単位数と「各科目に含めることが必要な事項」が規定されている。教諭一種免許状の場合，次の通りである。

　第2欄「教職の意義等に関する科目」（「必要な事項」；教職の意義及び教員の役割，教員の職務内容，進路選択の機会提供）＝各校種共通2単位

　第3欄「教育の基礎理論に関する科目」（同；教育の理念と歴史・思想，学習と発達，教育の社会的・制度的・経営的事項）＝各校種共通6単位

　第4欄「教育課程及び指導法に関する科目」（同；教育課程，各教科・道徳・特別活動の指導法，教育の方法・技術〔情報機器・教材活用を含む〕）＝小学校22単位，

中学校 12 単位，高校 6 単位

　第 4 欄「生徒指導，教育相談及び進路指導等に関する科目」（同：生徒指導，教育相談，進路指導）＝各校種共通 4 単位

　第 5 欄「教育実習」＝小学校・中学校各 5 単位，高校 3 単位

　第 6 欄「教職実践演習」＝各校種共通 2 単位

　現行法は，1988 年改正以来，各教職科目に相当する教育学の学問分野を規定していないが，欄ごとの「各科目に含めることが必要な事項」に内容が示され，教育学の各分野（教育諸科学）との関連が想定されている。

　1988 年改正以前は，それが法令（施行規則）に規定されていた。すなわち，1949 年制定時は，必修科目として，教育心理学，児童心理学（又は青年心理学），教育原理（教育課程，教育方法・指導を含む），教育実習，それ「以外」の科目として，教育哲学，教育史，教育社会学，教育行政学，教育統計学，図書館学，「その他大学の適宜加える教職に関する専門科目」，1954 年改正では，必修科目として，同前科目のほか，教材研究，教科教育法が加わり，それ「以外」に前掲科目に加え，教育関係法規，教育財政学，教育評価，教科心理学，学校教育の指導及び管理，学校保健，学校建築，社会教育，視聴覚教育，職業指導，1959 年改正で必修科目として，前掲のほか道徳教育の研究が，それぞれ規定されていた。各時期の教職科目と教育学各分野との法的な関連を確かめることができよう。

　教員養成・免許の基準設定やその内容・程度の法定は，重要な研究テーマである。その視点として，教職の役割との関連，教職の専門職制の志向，教育に関する学問の発展との対応，「大学における教員養成」の責任・目的意識・自主性や「学問の自由」の尊重，条件整備などが重要であり，時代の進展に応じて改善されなければならない。

教師教育テキストシリーズ編集代表

三輪　定宣

第1章　教職と教育実習

1　教育実習の位置

1　教育実習とは

　「教育実習」は教員免許状取得のための必修科目であり，幼稚園・小学校・中学校の1種および2種免許状の取得のためには5単位，同じく高等学校免許状では3単位の修得が必要とされる（教育職員免許法施行規則第6条，別表1）。これらの単位数には，一般に教育実習としてイメージされがちな学校における実習期間だけではなく，主として大学内で行われる事前・事後指導1単位が含まれている。「教育実習」は，学校での2-4週間の実習期間を中心にして，大学が指導を行い，その成績評価と単位認定は，実習校から送られてくる評価票や実習生が提出する教育実習日誌と大学での事前・事後指導の履修状況をあわせて，大学が行うものである。

　では，教育実習はどのような目的のために設定されている科目なのであろうか。大学学部段階の履修生を念頭において考えてみよう。

　教育実習の目的は，第1に，現実の学校の場で，児童・生徒と直接に接する教育活動を体験することで，教員の仕事や学校運営，生徒の実態について総合的な認識・理解を得ることである。教育実習というと，クラスを前に授業をしている自分の姿を想像する学生が多いと思われるし，なかには塾で授業をしてきたことでなんとなく自信をもっている人がいるかもしれない。しかし，教育実習では，教科の授業はもちろんであるが，それだけではなく，総合的な学習の時間，特別活動，道徳，生徒指導，教育相談，進路指導，学級経営など，学校での教育活動全般に積極的にかかわり学ぶ必要がある。

第2に，大学で学んできた教科・教職にかかわる知識や理論・技術と，実際の児童・生徒を対象とした教育活動とを相互に関係させて学ぶことである。これは，それまで学んだ知識・理論を現実問題に適用し，検証するという方向性だけではなく，実際の問題を解決する必要性から理論を見直す，あるいは，自分の目で研究課題を見つけて探求を深め，構造化していくという方向性をも必要とする学びである。

　第3に，教育実習は，学生にとっては，自分の教員としての適性や能力を確かめ，教員への道を選択するのか否かを見きわめる重要な関門となる。言いかえると，実習を通して教職に対する意欲を高め，使命感を自覚することが求められているということである。

　現在の日本は，特定の機関で養成を受けた人にのみ免許状を授与し，それらの人々は原則的にすべて教員として採用されるという制度（閉鎖制）はとっていない。いずれの大学でも条件を満たせば教員養成を行うことができ，そこで養成されて免許状を取得した基礎資格をもつ人々のなかから選考によって教員が採用されるという制度をとっている（開放制の教員養成制度）。2006年7月の中央教育審議会答申[1]が，「教育実習は，学校現場での教育実践を通じて，学生自らが教職への適性や進路を考える貴重な機会」と述べているが，現在の制度は，教員にならない人が教育実習を行って免許を取得する場合がありうるものになっている。

　では，教員にならない人にとって，教育実習のもつ意味はなんであろうか。それは，学校の教育活動を内部から実態に即して理解することで，教育についての教養ある市民のひとりとして，広い意味で社会的に教育貢献できるようになるということである。ただし，教育実習は，児童・生徒のやり直しのできない時間にかかわるものであることを考えるならば，結果的に教員にならないという進路選択があるとしても，単に興味がある，経験してみたい，ましてや「思い出づくり」というレベルの意識で教育実習に臨むのは許されない。教員となる覚悟が問われる最終的な機会として真摯に準備する必要がある。とりわけ近年，学校に対する社会的な要求に厳しさが増し，子どもと教育をめぐる困難が

深まるなかで，児童・生徒と直接にかかわる教育実習生の能力，適性，意欲等に対しては，学校内部や教育委員会だけではなく児童・生徒の保護者からも厳しい目が向けられるようになっていることに留意しなければならない。

2　教員となりゆくプロセスのなかで

　教育実習は，通例，大学4年次又は3年次と4年次の履修科目である。教員はそのキャリアを通して継続的に力量形成をしていくものであるが，教育実習は学生が教員となってゆくプロセスのなかでどのような位置にあるのだろうか。

　教員には，教員養成を修了する段階（多くの場合は大学を卒業する段階）で，教員として完成していることが求められるのではない。これについては，養成段階で修得すべき水準は「教科指導，生徒指導等に関する「最小限必要な資質能力」」すなわち「採用当初から学級や教科を担任しつつ，教科指導，生徒指導等の職務を著しい支障が生じることなく実践できる資質能力」であり，採用された後に養成段階で修得したこの「最小限必要な資質能力」を「円滑に職務を遂行し得るレベルまで高める」ために1年間の初任者研修を行うという整理[2]が参考になるだろう。教育実習は，この「最小限必要な資質能力」を修得するプロセスの終盤に位置する。指導教員の指導を受ける立場であると同時に児童・生徒からは先生と呼ばれ，前項で述べたように学校教育活動の全般にかかわる教育実習は，学生から職業人としての教員の立場へと，視点と構えを移行する重要な契機である。教員となる意思を固め，その後，教員として歩み始めた人にとっては，教職のやりがいと困難さ，それに対する自らの意欲と課題を自覚したという点で，教育実習は教員としての初心の場となる。

　ところで，1998年度入学生から小・中学校の教員免許取得要件として介護等体験が義務づけられるようになった[3]。また，近年，学校ボランティアやインターンシップといったかたちで，学生が学校や関連施設での現場体験をもつ機会が急速に増大している。これは，教員志望の学生に日常的に学校現場を体験させようという趣旨の相次ぐ提案がなされたこと[4]，教員養成プログラムの充実をめざして各大学が試行を重ねていること，学力問題や生徒指導上の

必要から学校現場がサポート・スタッフを求めていたこと，などの要因が重なってのことである。さらに，それらの体験を課外の活動にとどめるのではなく，「〈体験〉-〈省察〉型科目」として正規のカリキュラムのなかに組み入れる例も広がっている[5]。

　教育実習は，これまで長年の間，大学における教員養成のなかでは，経験を通して理論と実践を結びつけるほとんど唯一の機会として存在してきた。しかし，今日では，このように大学生活の早い時期から参加できる体験活動・実践的経験の機会がバラエティ豊かに増加しつつある。これらの機会は，学生が自分たちを教育することを目的とした大学という教育機関を離れて，その本来の目的が自分たちにはない場──体験先は，介護等体験のための施設，学生ボランティアのための学校ではない──に入り込むものであること。しかも，サービスの利用者や児童・生徒からは，部外者・傍観者ではなく，指導・支援する側に属する者とみなされること。なおかつ，多くの場合，学生に対する指導・配慮体制を整備するための財政的措置をともなわず，受入れ側の「厚意」にその多くを依存する状態のなかで学生が受け入れられていること，といった多くの点で，教育実習と相似のものになっている。

　前項で教育実習の目的として述べた諸点について，必修科目「教育実習」の履修開始以前においても，予備的に学びうる機会が広がってきている。教育実習に臨むにあたっては，それ以前の多様な体験的機会で学んだこととの関係で，自分自身の実習課題を整理しておく必要があるということでもある。

2　大学における教員養成と教育実習

1　大学教育の一環としての教育実習と現場体験

　次の世代の教員を目的意識的に育てる教員養成という営みは，歴史的なルーツを，現場（学校）での見習い的な関係にもっていることが多い。19世紀以降，各国が公教育制度を整備する際に，その必要にあわせて教員養成のための教育機関が設立され始めたが，それらの教育機関は，長らく，中等教育レベルの師範学校であった。20世紀をかけて，教員養成（現在の日本でいえば「教職に関す

る専門科目」に相当する教育内容をイメージするとよいだろう）は中等教育レベルではなく，中等教育終了後に進学する大学レベルの教育機関で行われることが趨勢となってきた。日本でも第二次世界大戦後の教育改革において，「大学における教員養成」が原則とされるようになったが，それは，このような歴史的発展過程のなかでのことである。

　しかし，教員養成のなかでも，とりわけ教育実習については，それが実践的性格，技術的側面をもつことや，学生が大学ではなく初等・中等学校に滞在してそこで働く教員たちの指導を受けるという関係ゆえに，大学レベルの教育機関のなかでの位置づけをめぐっては，議論や模索が続いている。日本の場合，教員として入職する前の教育実習期間が他国に比して短いこともあり，学生に学校現場をより長く体験させたいという教育実習の期間延長論が繰り返し出されてきた[6]が，それらの提案の背景には「大学における教員養成」への不満感もあった。現在では，1年間にわたって教育委員会がアレンジする学校実習や講義，体験活動を学生が受講し，それを大学の単位として認定する「東京教師養成塾」（2004年4月に東京都教育委員会が開塾）のような事例も出てきている。前項で述べた体験的機会の増加ともかかわって，大学の教員養成カリキュラムのなかで教育実習を行うことの意味が問われている。

　これに関して，研究型教育実習というかたちで，教育実習が大学教育の一環として行われることの意味を示した藤枝静正の提起[7]はあらためて注目される必要がある。教育実習を「教師になるための完成教育の場」や，「教職の実務訓練の場」ととらえるのではなく，「理論と実践の結合の上に立った教育研究を充実・発展させる場」として位置づけ，学生が大学での研究結果を教育現場で実践的に「検証」する機会として，またそれを通して自己の新たな研究課題を発見する機会とすべきという提起である。これまでの4年次ないし3年次・4年次に集中型で行う実習形態は，教育実習を完成教育ととらえる実習観と緊密に結びついており，研究型教育実習を実現するためには，それにふさわしい方法・形態，すなわち，学生が教育実習を通じて新たに発見した研究課題を大学で十分にフォローアップできるシステムと実習形態の開発が必要であると述

べられている(8)。

　前述のように，大学生活の早い時期から体験活動・実践的経験を行えるということは，学生が現場で発見した課題を大学にもち帰って検討する機会を大学教育のなかに用意する時期的余裕が生まれたことでもある。藤枝が言うところの研究型教育実習をつくり出す条件が生まれてきているともいえる。それにともなって，教育実習に向かう構えのつくり方はこれまでとは必然的に変化することを求められる。

2　教育実習に向けた学び

　本書は，このような状況のなかで教育実習の準備のために必要になる諸テーマを含み込んだテキストであり，教育実習に向かおうとする人たちに，次のような学び方で準備をしてもらいたいと考えて編まれている。

　第1は，学生生活のなかで出会う，学校・施設でのボランティア，介護等体験，教育実習などさまざまな現場体験・実習の機会を一連のつながりでとらえる姿勢をもって，進路選択と教員としての力量形成を考えてほしいということである。第2は，専攻分野の科目，免許取得のための諸科目をばらばらに考えるのではなく，自分なりに関連づけを考えてほしいということである。本書を手にとる人のほとんどは，大学学部段階で学ぶ人々であり，教育職員免許法の定めに従って，科目の履修を進めているだろう。多くの場合，卒業のために必要な自分の専攻分野の専門科目と教員免許状取得に必要な教科・教職の専門科目とで時間割を構成することになると思われるが，それが必修科目というパーツを組み合わせるような感覚で終わってしまっていないだろうか。第3に，第1で述べた現場体験・実習の機会（その多くは大学の外で行われる）と第2で述べた大学での学びとを相互に響きあわせてほしいということである。

　本書は，指導教員・体験者の文章を多く収録している。教育実習は大学が提供する教員養成カリキュラムの一部ではあるが，実質的な指導の大部分を学校現場に依存している実態をふまえ，受入れ側からの発信に耳を傾ける必要があると考えるからである。また，身近な先輩たちの文章は，経験から学びとると

いうことの実際例として，自らの見通しをつくる手がかりになるだろう。

【高野　和子】

注
(1)　中央教育審議会答申『今後の教員養成・免許制度の在り方について』2006年7月。
(2)　教育職員養成審議会第1次答申『新たな時代に向けた教員養成の改善方策について』1997年7月。初任者研修制度は1988年教育公務員特例法改正で制度が導入され，以後，段階的に実施され，1991年度からは全校種で完全実施となった。私立学校教員は同法の対象ではないが，日本私学教育研究所が初任者研修を提供している。
(3)　本書第3章参照。
(4)　教養審第1次答申(1997)同第3次答申『養成と採用・研修との連携の円滑化について』1999年12月，教員養成等における大学と教育委員会の連携の在り方に関する調査研究報告書『教員養成等における大学と教育委員会の連携の促進に向けて—手を結ぼう，大学・学校・教育委員会—』2001年8月など。
(5)　本書第2章参照。また，日本教育大学協会「モデル・コア・カリキュラム」研究プロジェクト『教員養成カリキュラムの豊かな発展のために—〈体験〉-〈省察〉を基軸にした「モデル・コア・カリキュラム」の展開—』2006年，3月。
(6)　教育職員養成審議会建議「教員養成の改善方策について」1972年，中央教育審議会答申「教員の資質能力の向上について」1978年，教育職員養成審議会答申「教員の養成及び免許制度の改善について」1983年，教養審第1次答申(1977年)。
(7)　藤枝静正『教育実習学の基礎理論研究』風間書房，2001年。
(8)　同上，95-96頁。

考えてみよう
1．自分の大学では，教育実習のための手続き・実際の履修指導はどのようになっているのか確かめてみよう。
2．教育実習以外の体験活動・実践的経験の機会として，大学や地域で自分が参加可能なものにはどのようなものがあるか調べてみよう。
3．1・2をふまえて，今から学校実習の開始までどのように大学生活をすごしていくか考えてみよう。

参考文献
藤枝静正『教育実習学の基礎理論研究』風間書房，2001年

第2章 教員養成における体験的カリキュラム

1 「体験的カリキュラム」の背景

　教員養成において教員に必要な実践的指導力の基礎を育成することは最重要課題である。ここでいう「実践的指導力の基礎」とは，「採用当初から学級や教科を担任しつつ，教科指導，生徒指導等の職務を著しい支障が生じることなく実践できる資質能力」[1]のことをさす。しかし，現代の複雑化した学校現場の実践的課題に対応しながら，日常の教科指導，生徒指導，学級経営などの教育的営みを支障なく実践できる教員を養成するためには，教育職員免許法に定められた「教育実習」の経験だけでは困難である。

　とくに，小・中学校の教員は，これまでも問題視されてきた子どもの暴力行為やいじめの問題に加えて，近年では学級崩壊や不登校児童・生徒，さらにはLD，ADHDなどの特別な配慮を要する子どもに対して適切に対応できなければならなくなった。また，高等学校においては中途退学者の増加は深刻な問題であり，教員は学習指導以上に生徒指導上の問題に苦慮している。こうした状況下で，教員は一人ひとりの子どもとかかわりながら，個々の問題事象に柔軟に対処していける実践力と，さまざまな事情や個人差を有した子どもを集団として指導していける能力がこれまで以上に求められている。また，近年にあっては，教員としての使命感や責任感をもち，保護者との信頼関係や，同僚教員や管理職等との協働関係を築きながら日々の教育活動が遂行できる能力が教員に求められている。

　そうした教員の資質能力に対する社会的要求が高まる中で，国公私立を問わず教員養成を行う各大学・学部では，「教育実習」以外に多様な教育的体験の

機会を確保するために，学校等の教育現場や教育委員会と連携を取りながら，学校現場での観察・参加，子どもとの交流体験活動，学校支援ボランティア，インターンシップ等の「体験的カリキュラム」を教員養成カリキュラムのなかに組み込み，新しい教育実習カリキュラムの構築をめざしている。

このように多様な体験的カリキュラムの開設を可能にしたのは，1990（平成2）年以降のいくつかの政策動向による影響が大きい。それについて，住野・岡野・林・濁川は，以下の4つの影響をあげている[(2)]。

1 大学設置基準の大綱化

1つは，1991（平成3）年の大学設置基準の大綱化によって，「一般教育科目」や「専門教育科目」といった科目区分がなくなり，各大学が独自の科目区分を設定してカリキュラム編成を行うことができるようになったことである。この大綱化以降，教養部の廃止に伴い教育学部を改組した大学では，従来の教員養成カリキュラムを再編し，1・2年次に体験的科目を配置することが可能になった。

2 教育職員養成審議会答申および教育職員免許法の改正

2つめは，1997（平成9）年の教育職員養成審議会第一次答申及び1998（平成10）年の教育職員免許法の改正である。とりわけ，前者の答申において重要な点は，養成段階で修得すべき水準を「教科指導，生徒指導等に関する「最小限必要な資質能力」」と定め，その資質能力の育成を大学が責任をもって行うことを明記したこと，そして，それにともなって「教育実習の充実」を提起したことである。以下は，「教育実習の充実」の要約である。

《教育実習本体》
① 中学校一種及び二種免許状取得にかかわる教育実習は5単位（1単位は事前・事後指導）。
② 附属学校や実習協力校等を活用して，1年次に2週間の観察実習を実施し，3・4年次に2週間の本実習を実施するなど，各大学が実習の回数，時期，

実施先，方法を工夫する。
③教育実習の内容が授業実習に偏っているため，学級経営，生徒指導，教育相談，進路指導，道徳，特別活動，部活動等の実習の機会も確保する。

《事前・事後指導》
④事前・事後指導の「教育実習に準ずる経験」の対象施設に社会福祉施設やボランティア団体を追加する。
⑤事前指導では，附属学校や実習協力校における授業等の観察や参加を柔軟に採り入れる。

《多様な実習機会の確保》
⑥免許状取得に必要な必修単位数を超える教育実習は，各大学の判断により，「教科又は教職に関する科目」として単位認定することが可能になるため，積極的に企画・実施する。
⑦教育委員会や学校と協力して，教員採用内定者を対象とした教育実習を4年次の後期科目又は集中科目として開設するように工夫する。
⑧各大学は，子どもとのふれあいの機会の設定，学校・教育委員会・大学の協力による子どもとの合宿・交流事業の実施，教育委員会との連携により教員志望学生が毎週学校の授業等の補助を行う試み等を積極的に進めるとともに，その単位化を検討する。
⑨福祉体験，ボランティア体験，自然体験等の体験的実習も含めて科目開設を検討する。

3　教員養成系大学・学部の入学定員5000人削減

3つめは，教員養成系大学・学部に関して，1998（平成10）〜 2000（平成12）年に行われた入学定員5000人削減による教員養成課程の改組である。この改組によって，それまでの学校種に対応するかたちで設置していたコースや課程から，卒業要件を充たせば複数校種の教員免許状が取得できる，「統合型」教員養成課程が設置されることとなった。また，学生定員削減によって設置された「新課程（ゼロ免課程）」との違いを明確に打ち出すために，教員養成課程は

教員養成という目的志向を強め，教育実習の充実をはかった。

4　教育実習の改革事例

　しかし，先述の政策が打ち出される前から，教育現場での「体験」を採り入れて教育実習カリキュラムの改革を行ってきた教員養成系大学・学部もあり，1997（平成9）年の教養審答申の「教育実習の充実」は，そうした先進的な大学・学部の取り組み事例が採用されたものと考えられる。

　たとえば，兵庫教育大学では，理論と実践の統合に基づく教員の実践的指導力の育成をめざして，大学設置基準の大綱化以前より，1年次対象に異校種での観察・参加実習を実施するなど，1年次から4年次までの実地教育科目（実習科目）の体系化を進めてきた。その実地教育科目は，2007（平成19）年現在，14単位を初等教員養成課程の必修科目として設定している。

　これら14単位の実地教育科目を概観すると，1年次の「実地教育Ⅰ」（1単位）が附属学校園，公立幼稚園，県内特別支援学校における1週間の観察・参加実習である。2年次の「実地教育Ⅱ」（1単位）は，社会教育施設での3泊4日の自然体験活動に指導補助員として参加する実習である。また，2年次通年で履修する「実地教育Ⅵ」（2単位）ではマイクロティーチングによる模擬授業実習とコンピュータを活用した情報メディア実習を行っている。これらの実習体験を踏まえて，3年次には「実地教育Ⅲ」（4単位）として附属学校園で4週間の教育実習が行われるが，それと並行して「実地教育Ⅴ」（2単位）という1年間を通して附属学校園の特別活動に補助教員として参加する60時間の実習が設定されている。4年次の「実地教育Ⅳ」（2単位）では，応用実習として母校等の公立学校園で2週間の教育実習を行う。また，4年次の「実地教育Ⅶ」（2単位）では，大学での事後指導として，学生が所属する専修・系コースに分かれて，それまで学校現場で経験してきた実習の成果を省察し，研究的に深めていく演習の機会が設定されている。

　これらの必修科目以外にも，中学校，高等学校教員免許状取得希望者には，4年次に選択科目として，中学校教育実習の「実施教育Ⅷ」（2単位）と高等学

校教育実習の「実施教育Ⅸ」(2単位)が各2週間設定されている。

2 「体験－省察」と「モデル・コア・カリキュラム」

1 「国立の教員養成系大学・学部の在り方に関する懇談会」報告

　さらに，国立教員養成系大学・学部のカリキュラムのなかに体験的カリキュラムを採り入れることを促進させたと考えられるのは，2001(平成13)年の「国立の教員養成系大学・学部の在り方に関する懇談会」報告書(以下，「在り方懇」)である。

　「在り方懇」では，国立教員養成系大学・学部の養成カリキュラムを「基本的な資質能力」や「学校現場での様々な課題に取り組んでいける力量」をもった教員を養成するものにしていく必要性を説いたうえで，各大学・学部の教員が教員養成という目的意識を共有し，それにそったかたちで教科専門，教科教育法，教職専門の各科目を体系的に組み合わせて教員養成系大学・学部の独自性を発揮していくことや実践性を意識した科目内容に改善していくことなどを提言し，教員養成のモデル的なカリキュラムの策定を日本教育大学協会に求めた。

　また，「在り方懇」では国立教員養成系大学・学部の再編・統合について具体的にその必要性を提起したこともあって，その後，教員養成系大学・学部では，「自らの学部における特色ある教員養成カリキュラム」の作成をめざして，学部学生が早い時期から学校現場等において教育的体験が得られるように地域や教育委員会と連携した体験的カリキュラムを導入したり，従来までの教育実習体系を見直すなどのカリキュラム改革の動きがみられるようになった[3]。

2 教員養成の「モデル・コア・カリキュラム」の開発

　日本教育大学協会(以下，「教大協」)は，「在り方懇」の要請を受けて2001(平成13)年に「モデル・コア・カリキュラム」研究プロジェクトを立ち上げ，2004(平成16)年にその研究成果を答申として報告した[4]。同答申では，小学校教員養成を念頭に置いて，教育現場における体験の場と，研究的な省察の場

との往還を柱とする「教員養成コア科目群」を提起した。「教大協」が示した教員養成の「モデル・コア・カリキュラム」は，医学教育のような網羅的にカリキュラム内容を示すことはあえて避け，この「教員養成コア科目群」を基軸にして，「教養・教職専門・教科教育・教科専門の各科目群がそれらと関連しながら，螺旋状的に発展していく教員養成カリキュラムの在り方」(5)を提唱した。

同答申が教員養成の「モデル・コア・カリキュラム」として強調したことは，各大学・学部が学生に対して教育実習やさまざまな教育的体験の場を提供するだけでなく，学生自身がそこで得たさまざまな体験を結びつけたり深めたりすることができるように，「教育的体験に関わる活動を体系化し，その教育的体験を実践に結びつく理論として構成する場を設定する」(6)ことであった。それをモデルで示したものが「教員養成コア科目群」である。

3 「体験―省察」の往還：「教員養成コア科目群」

「教員養成コア科目群」は，図2.1の概念図に示すとおり，3年次の「教育実習」の充実と大学における体験的活動の体系化に向けて，「教育実践体験」と「実践開発実習」を1，2年次の体験的科目として位置づけ，そこで得られた教育的体験を理論知と結合させるために「教育フィールド研究」を並行して設置させている(7)。

このモデルでは，実習における教育的体験と，それに基づく教育フィールド研究での省察との往還を4年間にわたって積み重ねていくことを想定している。たとえば，1年次から，「教育実践体験」としてさまざまな学校や地域社会に学生が出向き，そこでの実践を体験的に学び，その後大学での「教育フィールド研究」において，その体験についての疑問点や問題点を自らの研究テーマとして整理し，設定した研究課題について実践的・理論的見地から検討し，自己の検討課題を見いだしていく。さらに，2年次の「実践開発実習」では，実際の学校現場で教科指導や教科指導以外の教師の仕事を体験的に学び，それを大学での「教育フィールド研究」において実践的・理論的見地から省察する。2

2 「体験−省察」と「モデル・コア・カリキュラム」　　27

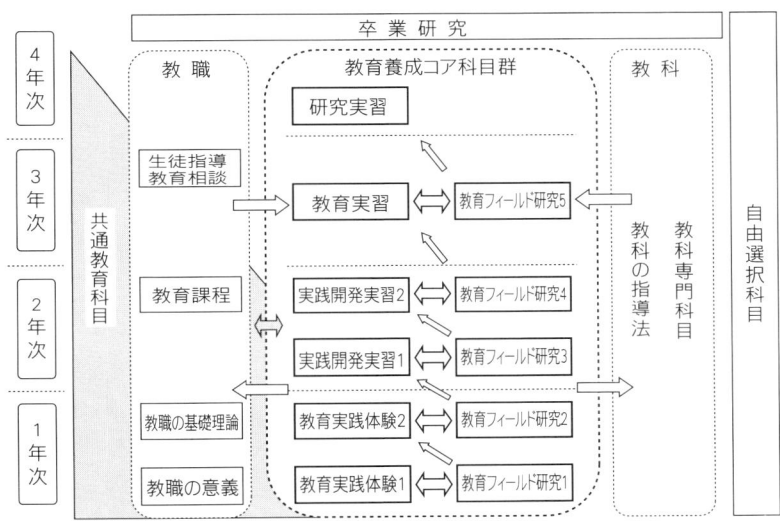

図 2.1　教員養成のカリキュラム・モデル［概念図］
(出所：日本教育大学協会「モデル・コア・カリキュラム」研究プロジェクト(2004)
『教員養成の「モデル・コア・カリキュラム」の検討』, 46頁より引用)

年次までに得た知見をふまえて3年次に「教育実習」を行い，その実習体験を大学での「教育フィールド研究」において実践的・理論的に省察する．4年次の「研究実習」では，その省察から教科指導や生徒指導等に関する研究テーマを設定し，実習生あるいは補助教員として学校に入り，その課題解決に向けた研究を行うといった内容が考えられる．

　このように，「教大協」のカリキュラム・モデルは，教育現場での教育的体験と教科専門・教職専門の知が，フィールド研究での省察によって，新たな「臨床の知」や「実践の知」を生成するという構造になっている．そこでは，実践的指導力の向上に向けて各大学・学部が教育現場での体験至上主義に陥ってしまうのではなく，「大学における教員養成」という本来の意味をとらえて教育的体験を理論的・研究的に省察することを重視している．

3 教員養成系大学・学部における「体験的カリキュラム」

1 体験的カリキュラムの内容

　教大協の答申以降，実際に国立教員養成系大学・学部のカリキュラム改革がどの程度実施されているのかについて「教大協」が2005（平成17）年調査を行った。それによれば，教員養成カリキュラムを改革した大学・学部の多くが，「教大協」の答申が出た同時期に，その答申で強調した「体験と省察の往還」を趣旨とする改革を行っていた[(8)]。

　そこで，「教大協」の研究で調査対象とした16の大学・学部（弘前・山形・新

表2.1　国立教員養成系大学・学部における体験的カリキュラム

履修年次	体験的カリキュラムの内容		
1年次対象	・附属・公立学校での観察・参加（9） ・青年の家・少年自然の家での宿泊研修体験（1） ・フレンドシップ事業による子どもとの活動体験（1）	・附属学校での観察・参加（2） ・フレンドシップ事業による子どもとの活動体験（2）	・公立学校や地域の教育活動への支援参加活動（5）
2年次対象	・附属・公立学校での観察・参加（11） ・少年自然の家での宿泊研修体験（1） ・フレンドシップ事業による教育参加体験（2） ・不登校支援活動・特別支援教育体験（2） ・地域への調査・探究活動（1）		・公立学校への学習援助活動（1）
3年次対象	・主免・副免教育実習（16） ・主免教育実習の事前実習（4） ・僻地・複式教育実習（1） ・臨床・カウンセリング体験実習（1） ・附属学校での恒常的実習（1）	・学校支援ボランティア（2）	
4年次対象	・副免教育実習（7） ・インターンシップ（5） ・学校支援ボランティア（2） ・研究的教育実習（1）		

注1：表中の（　）内の数は，該当する大学・学部の数を表し，複数にまたがる場合はその都度件数として加算した。
注2：表2.1は，日本教育大学協会「モデル・コア・カリキュラム」研究プロジェクト編『教員養成カリキュラムの豊かな発展のために』2006年，16-17頁の体験的科目をもとに筆者が履修年次別に作成したものである。

潟・群馬・千葉・横浜・信州・静岡・岐阜・福井・滋賀・和歌山・鳴門・広島・島根・長崎）の事例をもとに，教育現場での教育的体験を採り入れた体験的カリキュラム（教育実習を含む）がどのような内容で構成されているのかを履修年次毎に概観する(9)。表2.1は，16大学・学部の体験的カリキュラム（教育実習を含む）の内容を履修年次に分けて示したものである。

(1) 1年次対象の体験的科目

1年次対象の体験的科目は11の大学・学部が開設している。その内容としては，青年の家・少年自然の家での宿泊研修体験やフレンドシップ事業による子どもとの体験活動も行われているが，附属学校や公立学校での観察・参加体験が最も多く実施されている。

たとえば，弘前大学教育学部の「教職入門」（必修2単位）は，9月に4日間の集中で，1日目と2日目に講義（教職の意義や観察実習に関する講義，現場教師による講話とパネルディスカッション等），3日目に市内の公立中学校で観察実習，4日目に公立小学校で観察実習という流れで実施されている。事後には，さまざまな分野の大学教員の指導を受けながら，観察記録に基づいてグループ討論を行っている。

また，岐阜大学教育学部の「教職トライアル」（必修2単位）では，前期の金曜日1・2時限を使って附属小・中学校の教育実践に参加し，事後に，大学において指導教員と討論し，レポートを提出する。この体験と省察が交互に繰り返される点に特徴がある。

(2) 1・2年次対象の体験的科目

1・2年次対象の体験的科目は3つの大学・学部が開設している。その内容は附属学校での観察・参加とフレンドシップ事業による子どもとの活動体験である。

後者の例として，新潟大学教育人間学部の「フレンドシップ実習」（選択2単位）では，1・2年次生が「自然環境体験コース」（4～9月の日曜日に5回，地区の公民館主催の行事に参加し，幼児・小学生と活動を共にする）や「グループ体験コース」（8月に小学1～3年生との運動や絵を描く等の活動を行う）などの5つのコ

ースのうち1つに参加し，活動を行う。活動後に総括として実施されている全体報告会では，活動報告ならびに体験の意義や課題についての討論，さらには公民館長，教育委員会青少年指導課指導主事，NPO法人関係者，大学教員からの講評が行われる。

(3) 2年次対象の体験的科目

2年次対象の体験的科目は13の大学・学部が開設している。体験内容は多種多様であり，少年自然の家での宿泊研修体験，フレンドシップ事業による教育参加体験，総合演習を体験化した「地域への調査・探究活動」なども行われているが，附属学校や公立学校での観察・参加体験が最も多く実施されている。

たとえば，岐阜大学教育学部の「教職リサーチ」(必修2単位)は，2年次の9月に，公立小・中学校で1週間ずつ教育参加体験を行う。市内の公立小・中学校それぞれ20校ずつが協力校になっており，学生が所属する講座ごとに各学校に配属される。事前指導は講座ごとに行われるが，事後指導は学校長や教育委員会の指導主事を講師に招き，「教員養成公開セミナー」が行われる。

そのほか，福井大学教育地域科学部では不登校支援の体験的科目「学校教育相談研究」(2単位必修)が開設されている。この科目では，2年次生100名全員が自分の居住地の教育委員会に登録し，教育委員会からの要請に応じて小・中学校や適応指導教室，場合によっては子どもの自宅へと派遣される。そこで不登校の子どもと直接出会い，交流する。この科目では事前の講義に加え，事後の小グループによるケース・カンファレンスにおいてさまざまな体験報告が行われる。また，この科目では，大学の授業担当者以外にも，教育委員会の指導主事や適応指導教室の指導員が授業の指導者として参加している。この科目の最後には，学生がレポートを作成し，それを一冊の報告書にまとめている。

(4) 2・3年次対象の体験的科目

2・3年次対象の体験的科目を設定している大学・学部は1つであり，公立学校への学習援助活動を実施している。静岡大学教育学部の家庭科教育専修を対象に開設している「教科内容指導論」(選択2単位)がそれである。この授業科目は，学校での教科内容に即した授業内容の展開をめざす試みであり，受講

生が９月〜12月にかけて大学近郊の小・中学校４校に出向き，被服製作や調理実習での児童・生徒の援助を行うというものである。学生の指導は，事前指導も含めて家政教育講座の教員が担当している。これは授業内容の体験化として，講義形式の授業から，現場体験を採り入れた授業へとあらためた事例である。

(5) ３年次対象の体験的科目

　３年次対象の体験的科目は16の大学・学部すべてが開設している。その内容は，主に主免・副免教育実習や主免教育実習の事前実習であるが，それ以外に，僻地・複式教育実習，臨床・カウンセリング体験実習，附属学校での恒常的実習も行われている。

　たとえば，和歌山大学教育学部では，地域に根ざした教育実習改革の一貫として，県内の僻地地域の教育委員会や小学校と連携して「僻地・複式教育実習」（選択２単位）を実施している。この実習は，主免教育実習を終えた学生が２〜３月の２週間を利用して，ホームステイまたは合宿というかたちで行われている。この実習は，「複式授業の参観並びに実習授業を行う」，「家庭や地域との連携の中で子どもを把握する」，「地域の中の学校の姿を具体的な活動を通じて体験的につかむ」の３つを主な目的としており，「事前指導→実習→実習記録提出→実習報告会」という流れで進められる。2004（平成16）年度からは，実習の成果を地域に還元する試みとして，実習校の校長，実習指導教員，ホームステイの家族などを招いてフォーラムを開き，実習の取り組みについての大学側の報告，実習のビデオ報告，参加学生の感想報告などが行われている。

　また，弘前大学教育学部では，附属小・中学校において，従来型の２週間の「集中実習（教育実習）」の前後に恒常的実習として「Tuesday 実習」（集中実習を含めて必修５単位）を実施している。この実習は，長期の観察を通じて児童生徒の実態と変容について理解を深めることをねらいとし，年間を通じて火曜日の午後に継続的に附属学校に通うものである。たとえば，小学校の場合，「集中実習」前の前期は，６回の授業観察を通じて子どもの実態や授業づくりのイメージをつかみ，授業観察で得た成果を学生グループで協議する。後期は，「集

中実習」後に残された課題，発展的な課題を授業を通して検証するために，「授業観察」，「学生による2回の実施授業」，「事後の発表会」の流れで進められる。「事後の発表会」では，配属学級ごとに「実施授業」の成果を発表し，学生相互の情報交換が行われる[10]。

(6) 3・4年次対象の体験的科目

3・4年次対象の体験的科目は2つの大学・学部が開設しており，いずれの大学・学部も公立学校への学校支援ボランティアを実施している。

たとえば，新潟大学教育人間学部の「教育実践体験研究Ⅲ」（選択2単位）では，主免教育実習を終えた3・4年次生が市内の公立小・中・特別支援学校へ出向き，週に1度，全日あるいは半日間，子どもたちの学習指導や個別相談に応じる支援活動を行っている。そのほか，クラブ活動での指導や遠足の引率なども行っている。

(7) 4年次対象の体験的科目

4年次対象の体験的科目は14の大学・学部が開設している。内容としては副免教育実習，インターンシップ，学校支援ボランティア，研究的教育実習が行われている。

たとえば，広島大学教育学部初等教育教員養成課程では，4年次生のうち教員採用内定者（臨時採用予定者を含む）を対象に教育課程外で「インターンシップ」（選択）を開設している。これは，市内の公立小・中学校を受入校として，2月初旬の2週間を利用して実施されている。この科目は，小・中学校の教員になろうとする学生が「教員の仕事とはどのようなものなのか」を知るために，受入校の指導教員に密着し，教育活動を補助することによって，学校業務全般（教科指導，学級指導，生徒指導，学校経営，学校事務等）を体験することを目的としている。

(8) 1-4年次対象の体験的科目

1-4年次対象の体験的科目は5つの大学・学部が開設しており，主に公立学校や地域の教育活動への支援参加活動をその内容としている。

たとえば，静岡大学教育学部の「学校教育実践研究Ⅰ～Ⅳ」（選択各2単位）は，

発達教育学専攻の中でも教育実践専攻の学生（1学年9名）を対象にしており，静岡大学教育学部の「体験」プログラムの中心に位置づけられている。体験内容としては，後期の週1日を開けて，市内の公立小学校に出向き，授業や課外活動での学習指導・相談に応じるのである。そして，この科目の省察の機会になっているのが，同専修の教員が担当している「教育実践学研究入門」である。この科目は，1年次対象だが，他学年の学生も交えて議論を交わすため，体験の省察や学生の課題発見を促す効果がある。この授業科目では，体験の成果として，学生が「活動の概要」「学んだこと」「反省・感想」を記述し，それに小学校側の所見や大学教員からの考察を付け加えたものを報告書としてまとめている。

2　体験的カリキュラムにおける省察

16の大学・学部において開設されている体験的カリキュラムを概観すると，1年次からさまざまな体験内容の科目が開設されており，多くの大学・学部では，教育実習を含めて体験的カリキュラムの体系化がはかられている。その一方で，教育実習を含めて多くの体験的科目には体験を省察する機会が設けられており，各大学・学部において，体験を省察することの重要性が認識されるようになってきている。

すでに教育実習については，免許法上1単位の「事前・事後指導」が義務づけられていることから，なんらかの省察の機会が設けられている。しかし，体験的科目についても省察の機会が設けられているのは，各種体験的科目を教員養成カリキュラムのなかに位置づけようとする各大学・学部の認識の現れであろう。その認識は，学校等の教育現場において教育的体験を積み重ねれば自然と教員に必要な実践的指導力が身につくという見習修業的な力量形成観に基づいているのではなく，自らの教育的体験を理論的，研究的に省察し，知識化し，次の新たな自己課題を発見していくことによってはじめて，複雑化した問題状況に対して適切な専門的判断を下していけるようになるという「省察的実践」による力量形成観に基づいていると考えられる。

しかしながら、各大学・学部のすべての体験的科目について省察の機会が設けられているわけではない。とくに、副免教育実習、インターンシップ、学校支援ボランティアなどについては、省察の機会が設けられていない場合が多い。そうした学生の主体的な教育的体験を省察し、知識化する機会を整備していくことが今後の課題であろう。

また、省察の形態については、学生の実践体験や体験記録に基づくグループ討論、ケース・カンファレンス、レポート作成およびレポート報告会、実習報告会あるいは公開セミナーなどに集約される。しかし、その実施方法については各大学・学部によって異なる。とくに、だれが学生の省察を指導するのか。何名の学生に対して何名の大学教員が指導にあたるのかといった指導体制の問題は、学生の省察において最も重要な事柄である。

科目によっては、大学教員だけでなく、学生の体験先である附属学校や実習協力校の教員、教育委員会の指導主事などを招いて指導や講話の機会を設けるなどして学生の省察を促している場合もある。体験的科目は、教育実習の場合とは異なり、学生の体験内容がさまざまであり、何を省察するのかは学生個人に委ねられることが多いため、結果的に学生の省察テーマも多種多様になる。そのため、学生の省察を促そうとしても、省察の深まりを考えると、どうしても指導者側の指導内容や指導力が問われることになる。したがって、学生が体験内容について省察する場合は、教育諸科学や理論知に精通した大学教員以外に、学生の体験先である教育機関・施設・自治体の関係者にも指導者として参加してもらい、幅広い観点から学生の省察を促すような指導体制が必要になる。

さらに、学生が体験を省察する場としては、体験的科目の中に省察の機会を設けたり、教育実習の事前・事後指導の機会を生かして総括的に省察していることが多い。ところが、体験的科目や教育実習の省察を意識して系統的に大学の授業科目を配置させている例はあまり多くはない。そうした事例では、「実践と理論の統合」という観点から、体験的科目での体験的な学びと大学の授業科目での理論的な学びが有機的に統合するようなカリキュラム配置が工夫されている。ただし、この場合は、いかに学生自身が体験してきた内容を大学の授

業科目の内容と結びつけて主体的に考え，省察しようとするかが課題になる。そうした学生の創造的な思考活動を促すためにも，学生が体験的科目で学ぶ実践知と大学の授業科目で学ぶ理論知を結びつけて考えられるように大学の授業内容・方法を工夫するとともに，授業科目を担当する大学教員の体験的科目に対する理解が求められる。

4 「体験的カリキュラム」の特徴と意義

　以上の16大学・学部の体験的科目を履修年次でとらえることによって，体験的科目の設定について4つの特徴とその教育的意義が浮かび上がってくる。以下では，その4点について整理しておきたい。

1　学生の学びへの構えづくり

　1年次対象，1・2年次対象，1-4年次対象の体験的科目を考え合わせると，16の大学・学部のうち15の大学・学部が1年次の段階からなんらかの体験的科目を開設していることになる。このことから，教員養成教育においては，教育現場での教育的体験の早期化が進んでいる。このような傾向が生じた理由としては，「豊かな社会に生まれてきた現代の学生に，自然体験や社会体験が不足していることが明らかになってきた今日においては，まず「実践」から入って，「学問」や「理論」の必要性，重要性に直面させる」[11]ことが必要になってきたことがあげられる。そのことから，学校現場への観察・参加や子どもと直接ふれあう体験は，学生にとって大学で教科専門科目や教職科目を学ぶ必要性や重要性に気づく重要な機会となる。したがって，学校での観察参加実習であれ，学校支援ボランティアであれ，教職をめざす学生が早い時期から子どもとかかわりながら教育現場の実際にふれ，教育を受ける立場から教育を行う立場へと身を移す体験は，彼らの子ども理解を深めるとともに，大学で教職に必要な理論や学問を学ぶための構えづくりに繋がっていくのである。

2 体験の相対化と視野の拡大

2つめの傾向は、以前に比べると、附属学校だけでなく、大学周辺の公立学校も活用した実習や体験を重視する傾向が強まっていることである。これまでは教育実習であれば附属学校での経験が主であったが、近年は公立学校や教育委員会との連携・協力により、公立学校でも観察・参加実習や学校支援ボランティアに参加する機会が得られるようになってきた。その他、社会教育施設での自然体験・宿泊研修体験や公立学校でのインターンシップも実施されている。このように、実習先や体験先を多様化することで、学生が地域や場所によって異なる教育現場の現実に直面することになる。そうした体験が、それまでの体験によって培われてきた教育観や子ども観をとらえ直す契機となり、自己の体験の相対化を促すことにもなる。その相対化の過程において、体験の省察が必要となるが、学生が自己の体験を相対化することは、幅広い観点から分析的に教育実践をとらえることのできる視野の広い教員へと成長する上で不可欠な過程であるといえる。

3 教育実習に向けた基礎的・予備的体験

3つめは、各大学・学部が主免教育実習までの多くの体験的科目を必修科目として設定していることである。この必修化には2つの意義がある。1つは、数学年にわたって分散的・段階的に教育現場での観察や参加体験を構成することによって、3年次の主免教育実習にスムーズに入っていくための基礎的な知見や指導力が事前に得られるという利点がある。もう1つは、2年次の観察・参加実習や3年次の事前実習を体験することによって、学生が主免教育実習に向けて教科専門、教科教育法、教材研究等の理論的・学問的知識・技術を大学の授業で積極的に学ぶようになるという教育的効果が期待できる点である。

したがって、主免教育実習以前の体験的科目の必修化は、主免教育実習に必要な基礎的・予備的知識・技術を学修させる契機を事前に学生に与えることになる。

4　教育実習後の発展的・補充的体験

　4つめは，主免教育実習後の体験的科目を選択科目として設定している大学・学部が多いということである。こうした選択化は，主免教育実習後の学生の主体的な体験的学びの機会を保障することに繋がっている。つまり，主免教育実習において多くの自己課題が発見できた学生にとって，その後の体験的科目はさらに発展的な課題に取り組む機会となり，逆に主免教育実習において十分な成果が得られなかった学生にとって，その後の体験的科目は補充的に体験を積み重ねながら自己の実践的指導力向上をはかっていく機会となる。

　いずれの場合も学生自身に教育実践に対する不安感を取り除かせ，一定の自信をつけさせるという方向性は同じであり，冒頭でも述べたように，養成段階修了時までに学生に「教員に必要な実践的指導力の基礎」を身につけさせるという意味において，主免教育実習後の体験的科目の役割はきわめて大きいといわざるをえない。

【別惣　淳二】

注
（1）　教育職員養成審議会「新たな時代に向けた教員養成の改善方策について（第一次答申）」1997年。
（2）　住野好久・岡野勉・林尚示・濁川明男「国立教育養成系大学・学部における教育実習カリキュラムの系統化に関する研究」日本教師教育学会編『日本教師教育学会年報』第13号，学事出版，2004年，84-86ページ。
（3）　カリキュラム改革事例として，遠藤孝夫・福島裕敏編『教員養成学の誕生—弘前大学教育学部の挑戦』2007年，東信堂を参照されたい。
（4）　日本教育大学協会「モデル・コア・カリキュラム」研究プロジェクト『教員養成の「モデル・コア・カリキュラム」の検討』2004年。
（5）　日本教育大学協会「モデル・コア・カリキュラム」研究プロジェクト『教員養成カリキュラムの豊かな発展のために』2006年，12ページ。
（6）　日本教育大学協会「モデル・コア・カリキュラム」研究プロジェクト，前掲2004年，23ページ。
（7）　「教員養成コア科目群」の内容については，日本教育大学協会「モデル・コア・カリキュラム」研究プロジェクト，同上，24-27ページに詳しい。
（8）　日本教育大学協会「モデル・コア・カリキュラム」研究プロジェクト，前掲2006年，12-15ページ。

（9） 日本教育大学協会「モデル・コア・カリキュラム」研究プロジェクト，同上，16-25ページ。
（10） 前掲，遠藤・福島編，2007年，135-143ページ。
（11） 土井進「教育実習による学生の成長」日本教師教育学会編『講座教師教育Ⅱ　教師を目指す』学文社，2002年，78ページ。

考えてみよう

1．教員養成カリキュラムのなかになぜ体験的カリキュラムを組み込む必要があったのか。
2．教員養成において教育実習以外に体験的カリキュラムを履修させることによって学生にどのような教育的成果が期待できるのか。
3．教育実習も含めて体験的カリキュラムにおける教育的体験をなぜ省察する必要があるのか。
4．どのような方法で教育的体験を省察すれば，教員としてより質の高い成果が得られるのか。

参考文献

藤枝静正「教育実習はどうあるべきか」『季刊教育法』49，エイデル研究所，1983年，36-43ページ。
藤枝静正『教育実習学の基礎理論研究』風間書房，2001年。
山崎準二「教員養成カリキュラム改革の課題」日本教師教育学会編『日本教師教育学会年報』第15号，学事出版，2006年，33-43ページ。

教師としての視野を広げるために［受入側］

はじめに

勤務校では、3年次の普通教育実習である実地教育Ⅲ以外に、1年次の実地教育Ⅰ、さらに3年次の実地教育Ⅴを受け入れている。これらは、本学が開学以来行ってきた取り組みであり、実習生に対して、教育に関する多角的な視点をもたせることを意図したものである。現場教師は、授業実践者としての力量だけでは成立しない時代になっている。

場面によっては、カウンセラーとしての知見、集団の経営手腕、造形的センスなどが必要である。また、地域においても教育に携わるものとして、周囲が見る目は厳しいものである。実際のところ「教師も人の子」という言い訳は通用しない。教師には、豊かな教養と人と円満にかかわるための力が求められるのである。

実習生に、多岐にわたる学校生活の経験を積ませることは、ある意味では、教育者になるためのハードルを提示することになる。しかし、単なる教育マシーンではない「教育者」を育てるためには不可欠なハードルであると考えている。

1 実地教育Ⅰ 「学生」が「先生」と呼ばれる体験

実地教育Ⅰは、1年次が始まって間もない5月に実施する。ほとんどの実習生が10代の未成年であり、彼らが「先生」と呼ばれることは、おこがましいといえる。しかし、子どもたちは実習生を「先生」と呼ぶ。このことからも、高校生気分が抜け切らない実習生にとっては、今後、どのように見られる存在なのかという、メタ的な視点をもつようになることが求められる。

基本的な実習内容は、1日の学級の観察と子どもとのかかわりである。事前に実習課題を子どもたちの前で語らせて、1日の学習活動を終えた時点で、見学で得たことをレポートさせている。このレポートや見学態度、子どもとのかかわりの様子などを評価の対象としている。

配属学級担当者として、実習生の指導について留意する点は、主に次の2点である。

(1)社会人としての言動を意識させる

まだ、社会人としての自覚に乏しい実習生には、場面をわきまえない服装、態度が見られることがある。このような点については、事前に大学のオリエンテーションで指導しているが、高校の校則から解放されたばかりの実習生のなかには、限度がわからないものがいることも事実である。実際に、ふさわしくない服装、装飾、頭髪で本校の校門

を通ろうとする実習生には，門前払いをすることもある。

　なぜなら，大学の附属学校とはいえ，社会の一部である。場面をわきまえない姿では，どのような職場でも門前払いであろう。また，子どもたちだけでなく，その保護者にとっても，実習生とはいえ「先生」なのである。一部の子どもとだけ親しくかかわったり，人権感覚が欠けた言動をしたりするようでは，それまでに学校が築いてきた子どもや保護者との信頼関係を壊すことになり，学校としての業務に支障をきたす。さらに，その実習生の教員としての資質が乏しいと判断せざるをえない。したがって，以上の点については，大学の実地教育担当者だけでなく，本校教員すべてが厳しい態度で臨んでいる。

(2)教育の営みには根拠が必要なことを理解させる

　学校現場においては，授業実践だけでなく，日々の子どもとのかかわりや机の配置，教室掲示についても，教育的配慮に基づいたものでなければならない。また，それは固定化されたものではなく，目の前の子どもの実態を見据えた柔軟なものであることも大切である。

　1日の観察実習のあとの反省会では，「なぜ，このような机の配置なのか」「グループ分けは，どのような考えで行うのか」「掲示物についての留意点は何か」といった質問が実習生から出てくることが多い。これに対して，私たちはしっかりと根拠を述べている。それは，一人ひとりの子ども，あるいは集団になった子どもなど，さまざまな状況を想定して多面的に子どもをとらえ，それぞれの面で子どもを育てるためという根拠に基づいている。

　さらに，場面によっては，子どもを信じて任せてみる，あるいは，教師が前面に出るなど，状況に応じた教師の指導性の発揮の仕方があることも，場面を振り返りながら実習生に伝えるようにしている。このようなリフレクティブな教師像を見せることは，教師というものが，反省的実践を積み重ねることで成長し続ける職業であることを伝えるものであり，2年後の実地教育Ⅲを見据えたものである。

2　実地教育Ⅴ　学校・学級づくりの見えない場面の体験

　実地教育Ⅴは，3年次の1年間，50時間以上をノルマとして，配属学級にはりついて，さまざまな学校業務に参加する実習である。その内容は多岐にわたり，学校業務の裏方的なものが中心である。この実地教育Ⅴと，授業づくりを中心とした実地教育Ⅲがあることで，本校と学生とのつながりが日常的かつ緊密なものになり，インターンシップが機能するといえる。本校では，年間3回のオリエンテーションを実施して実習内容を確認する。また，課題と反省のレポートを3度課し，このレポートや実習態度，実習成果

などを評価の対象としている。

主な参加の場面，および指導の留意点は，次の３点である。

(1)学級活動への参加

学級活動においては，学期のはじめに，さまざまな掲示物が必要となる。時間割表や，給食，そうじ，係りなどの当番表，クラス目標の掲示物などである。これらは，学級活動のスケジュールであり，学級経営の指針である。本校では，これらのいくつかを実習生に制作させている。

配属学級教員は，基本的な意向を伝えることにとどめて，制作にあたっては，実習生の工夫を促す。教室のどこに飾るのか，見やすいうえに目障りでない色合いは何か，堅牢で子どもにも操作しやすいか，など課題はいくつもある。しかし，過去の実習生の制作物を参考にしたり，実習生同士が情報交換をしたりすることで課題をクリアしている。

また，子どもたちの学習の習熟をはかるためのプリントづくり，採点を行わせている。これは，実地教育Ⅲにむけて，実習生が，子どもの名前や学習の習熟度などを事前につかみ，学級の子どもたちの様子を把握することの一端となる。また，実地教育Ⅲが終了した後では，実習生が，子どもたちの成長を感じ取ることにもなる。こうして，配属学級の子どもたちを，１年を通じて，見守ることを体験させるのである。

これらの取り組みは，新採用教員として現場に赴任した場合には，すぐに役に立つ実践的なものである。本学卒業生が，学校現場で，即戦力であるとの評価が高いのは，実地教育Ⅴの「学級活動への参加」が寄与しているものと考える。

(2)学校行事への参加

本校では，入学式，遠足，卒業式などの学校行事のすべてを，教科，道徳，総合学習，特別活動のなかに位置づけている。学習活動の導入や展開部として，あるいは発表の場として，子どもにとっての意味や価値のある学習活動である。これらの行事へのかかわりとして，実習生には，準備物の制作や行事への参列を促している。

ひとつの行事に向けて，教員と子どもが，どれほどのエネルギーを注ぎ込んで，よりよいものにしようとしているかは，その過程に参加することでしか感じ取れないものである。実習生が，その行事の過程に参加することで，本校の一員であるという意識をもつと同時に，単なるセレモニーでない行事の意味や価値をつかむことになるのである。

(3)研究活動への参加

研究活動への参加は，「教員という仕事は，仮説を立てて，検証して実践に反映させることの繰り返しであること」を実習生に体験させることに主眼をおいている。研究活動も本校では，重要な業務のひとつである。本校独自の研究だけでなく，大学をはじめ

とする各研究機関との連携も行っている。これらの研究に関するデータ収集やカテゴライズといった活動にも実習生の参加を促している。場合によっては，実習生自身の研究に関するデータ収集を，配属学級で実施することもある。これらの取り組みにかかわることによって，日々の授業実践が，教師の経験則だけで成り立つのではなく，実践研究とリフレクションによって支えられていることを，実習生は知るのである。

具体的には，VTR撮影や筆記による授業記録，それらのデータのカテゴライズが中心である。場合によっては，分析した内容について，記録者としての意見を求めることもある。これらの地道な観察によって，子どもの学びの文脈が読み取れること，また，分析によって，より深く子どもの内面にせまれることを，実習生は体験することになる。

3　インターンシップを機能させる実地教育

普通教育実習である実地教育Ⅲは，本学の実地教育の要であるが，その期間以外に実習生が本校にかかわることによって，インターンシップが機能しているといえる。それは，実習生自身の，本校や配属学級への帰属意識によるものが大きいであろう。本校教員も，日々訪れる実習生のことは，何かと気遣うことになる。また，卒業したあとにも，かつての担当実習生からの相談や依頼を受けることはたびたびである。さらに，本校教員から，かつての実習生への連携をもちかけることもある。

そこにあるのは，実習期間中だけの担当教員と実習生のかかわりではなく，常にリフレクトする存在として，ともに切磋琢磨しようとする姿である。つまり，インターンシップは，実地教育が修了してからも機能しているのである。

【中田　高俊／国立大学附属小学校】

第3章　介護等体験

1　介護等体験の趣旨

1　介護等体験とは

　1997（平成9）年10月に「小学校及び中学校の教諭の普通免許状授与に係る教育職員免許法の特例等に関する法律」（以下，介護等体験特例法）が制定され，1998（平成10）年度大学入学者より，小学校，中学校の教員となろうとする者には，介護等体験を行うことが義務づけられることとなった。高等学校の免許のみを取得する場合には介護等体験を行うことは必要がないが，昨今の教員採用の動向をみると，中学校，高等学校両方の免許をもっていることを条件とするものが増えている。実際，東京都などの場合，多くの採用枠で，中学校，高等学校の免許をもっていることが必要であるし，また，中高一貫教育全般や1998（平成10）年の学校教育法改正にともない制定された中等教育学校に対する期待感の高まりもあり，今後は，高等学校の教員を希望する場合であっても，中学校の免許をもっていることがさらに期待されることになろう。

　こうしたことをふまえ，本章では，教職をめざす人の多くにとって知っておくべき介護等体験の概要と心構えについて述べたいと思う。

2　介護等体験の概要

　介護等体験特例法は，田中眞紀子衆議院議員が中心となり，議員立法で成立したものである。父親の田中角栄元総理大臣の介護を経験したことが制定の契機となったといわれる。介護等体験は，大きく分けて，特別支援学校（2007年度より盲・聾・養護学校から名称変更）における体験と社会福祉施設における体験

の2つからなっている。法律では両者をあわせて7日間以上の体験を行うこととなっているが，通常，特別支援学校で2日間，社会福祉施設で5日間の日程で体験が行われる。

「介護」という言葉から，「高齢者や障害者ができないことの手助けをする」といったことのみをイメージしている学生もみられるが，実際には，体験先で行われている教育サービス，福祉サービスにかかわる広範な内容を含んでいる。たとえば，特別支援学校では教室での授業だけでなく，いっしょに遊んだり，運動会やプールで体を動かしたりといった，教育活動全般が含まれる。社会福祉施設では，施設職員の補助的な作業や，車イスを押したり，利用者といっしょに作業を行ったりすることはもちろんのこと，ときに催し物に出演して得技を披露するなど，内容が多岐にわたっている。

体験内容に一定のガイドラインはあるものの，基本的に，体験内容をどのようなものにするかは体験先に一任されている。介護等体験に参加する学生は，原則的に，その枠組みに従って，なおかつ，自主性を発揮し，積極的に活動に参加することが求められることになる。

3　教職をめざす人が介護等体験を行う意義
(1)「個人の尊厳」と「社会連帯の理念」

社会の複雑化，価値観の多様化，家族の変化，科学技術の急速な発展，急激な高齢化と少子化，環境問題，貧困の拡大，多発する紛争・テロなど，21世紀を担う子どもたちは多くの困難な問題に取り組まなければならない。経済的な視点が優先され，ややもすると，合理性や能率主義，競争原理といった価値観がすべての価値観を圧倒し，人間性，人間らしさといった普遍的な価値が軽んじられる風潮が強まることもあるだろう。

介護等体験特例法第1条には，法制定の趣旨が，これから教員となろうとする人に「個人の尊厳」と「社会連帯の理念」の認識を深めることにあると記されている。いうまでもなく，子どもたちを教え育てる営みには，学校の教員，とくに，義務教育に携わる教員が大きな役割を負っている。実際に教員となり，

子どもたちと接する際に、「個人の尊厳」と「社会連帯の理念」の認識が自然と表現されていくことが期待されているわけである。

(2) 体験としての学び

「個人の尊厳」、「社会連帯の理念」とも、その普遍的な価値を理解していない人はいないであろう。それでは、なぜ、あらためて介護等体験を行わなければならないのであろうか。それは、知識として知っていることと体験として知っていることは異なるからであるといえよう。

たとえば、目立った障害をかかえず、日常生活に大きな困難を感じていない人は、「風邪で声が出ない」「結膜炎でしばらく眼帯をしていた」「足を骨折して松葉杖の生活を余儀なくされた」といったことがあってはじめて、自分が「健康」でないことを意識するであろう。しかし、再び「健康」が回復されれば、不便さや大変さは忘れ去られていく。あるいは、身近に障害をかかえた子どもがいる、自宅で高齢者の介護をしているといった状況があってはじめて、「障害」をかかえることによる生きにくさ、「介護」を担う者の負担の大きさなどに思いがいたることになろう。日常、何気なく行っていることがうまくいかなくなったときに、不便さや苦しみが知識としてではなく体験として理解される。

実際に介護等体験に行くと、コミュニケーションがまったくとれないように感じられる人へのかかわりを求められる場合がある。たとえば、重度の重複障害をかかえ、周りからの言葉かけにまったく反応を示さないように見える生徒に対して、どのようにかかわればよいのであろうか？　認知症により同じ話を繰り返し話している利用者にどのように接すればよいのであろうか？　市販の介護等体験のテキストを見れば、「積極的にコミュニケーションを取るように心がけましょう」「同じ目線に立って考えるようにしましょう」といった心得が書いてあるだろう。しかし、「積極的に」は理解できても、具体的にどのようにすれば、目の前の人とコミュニケーションをとることができるかということは書かれていない。「同じ目線」は理解できても、同じ目線に立つための方法については書かれていない。こうしたことはすべて実践の場で試行錯誤を経て、体験的に理解されなくてはならないことなのである。

(3) 介護等体験と学校現場

　自分は普通学校の教員になるのだから，介護等体験のようなことは，あまり関係がないのではないかと思われる人もいるであろう。そこで，普通学校の教室場面を考えてみよう。教育実習で教壇に立ってみればわかるが，教師は，必ずしも，すべての児童・生徒の状況を理解できているわけではない。

　たとえば，教師が注意しても私語や立ち歩きをやめない生徒や，突然，感情を爆発させて暴力をふるう生徒がいる。少し前から小学校で問題となっている「学級崩壊」では，こうした生徒が問題の「元凶」と考えられやすい。しかし教師が，生徒の状況を正確に理解することなく，やみくもに指導を強めると，さらに多くのストレスが生徒に加わることとなり，問題となる行動がかえって激しくなるということもある。参考までに，学級崩壊は，ひとりの生徒の問題により起きるものではなく，教師の指導方針や生徒集団，保護者集団の特徴，地域の特性など，さまざまな要因が絡み合って起きるのであり，こうした背景を見逃しているかぎり，有効な対応がとれない。

　また，中学校では，思春期的な心性が強まり，大人や教師への反抗が強まる（第2反抗期）。教師が話しかけても教師の声を無視するばかりの生徒や，勉強に全く興味を示さず，授業中寝ている生徒，表面上は教師の言うことを聞いたふりをして，教師のいないところで万引きや不純異性交遊など「問題行動」を繰り返す生徒に出くわすかもしれない。「学級崩壊」の場合と同様，「問題行動」は注目されやすいため，教師は目の前の「問題行動」をなくすことに執心しがちとなり，「問題行動」の背後に生徒がかかえているさまざまな不安やしんどさに思いがいたらない場合もある。

　このように教師と生徒との間にコミュニケーションが成立していない事態は，先述の介護等体験におけるコミュニケーションの不成立と同じ構造をもっていると考えられる（図3.1参照）。介護等体験では，児童・生徒・利用者の「一見，理解できない」行動に出くわすことがある。体験期間中には，児童・生徒・利用者の背景について，その詳細を知ることはできない場合が大半であるが，「一見，理解できない」と思われる行動にも，必ず背景があり，それを理解しては

[介護等体験におけるコミュニケーション]

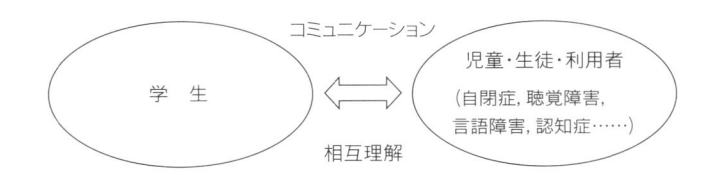

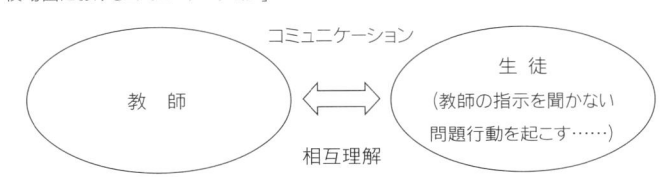

```
                    コミュニケーション
    ┌─────┐      ←─────→     ┌─────────────┐
    │ 学 生 │                    │ 児童・生徒・利用者 │
    │     │                    │ (自閉症, 聴覚障害, │
    └─────┘      相互理解        │ 言語障害, 認知症……)│
                                └─────────────┘
```

[学校場面におけるコミュニケーション]

```
                    コミュニケーション
    ┌─────┐      ←─────→     ┌─────────────┐
    │ 教 師 │                    │    生 徒     │
    │     │                    │(教師の指示を聞かない│
    └─────┘      相互理解        │ 問題行動を起こす……)│
                                └─────────────┘
```

図 3.1　介護等体験と学校場面におけるコミュニケーション

じめてコミュニケーションが成立し，問題とされていた事柄が解決に向かうのである。

　また，2003 (平成 15) 年 3 月 28 日に「今後の特別支援教育の在り方について (最終報告)」が出されて以来，特別支援教育のシステムづくりが進みつつある。普通学校の教室のなかに「発達障害」等のため特別な支援が必要な生徒がおり，学校現場には「障害のある児童生徒の一人一人の教育的ニーズを把握し適切な対応を図る」ことが求められている。今後は，普通学校の教員であっても，特別支援教育への積極的なかかわりと十分な理解が求められる。

　教師側からみて「理解できない」生徒のことを「問題のある生徒」として切り捨てるのではなく，理解しようと試行錯誤できるか否かに教師の専門性が表れることとなる。こうした観点からすると，介護等体験を行うことは，コミュニケーションをとることの根底にある基本的な能力を高めることにもつながるといえる。

(4) 介護等体験と自己理解

　介護等体験を終えた学生からは，しばしば，「非常に有意義であった」とい

う声と,「どうしてこんなことをしなくてはいけないのかわからなかった」という両方の声が聞かれる。前者についていえば,自己の教師への適性について,実践の場において確認する機会となり,今後の学習を動機づける「よい経験」をしたといえるであろう。後者についていえば,その経験だけを取り上げれば,教師になろうとする意志をくじくような「悪い経験」と感じられるだろう。

　しかし,実際には,こうした経験は学校現場で体験する出来事と相似形である。教育実習を例にとれば,「児童・生徒とよい関係が築けなかった」「雑用ばかりで終わった」「まったく指導されず,何をすればよいかわからないままだった」「大きな失敗をしてしまった」などの感想を述べる学生がいるが,これらの経験も,すべて教師として学校現場に立ったときに誰にでも起こりうることである。

　特別支援学校も社会福祉施設も介護等体験受入れのためのサービスを提供することが本来の目的であるわけではない。体験に行った学生からすると,「よい体験」ができるような「配慮」が必ずしも行き届いていないと感じられる場合もあるであろうが,大切なのは「体験の善し悪し」ではなく,そうした場面での自分自身の反応様式を知ることである。

　現場で経験する「ナマ」の出来事は,誰かが道筋を示し,整理整頓されて理解しやすいかたちで提示されるわけではない。そうした混沌とした場において,自分の力で「ナマ」の体験を自己の体験としてとらえ直していくことが人間としての成長につながるのである。「イライラした」「動けなくなってしまった」「落ち込んでしまった」などの「悪い経験」も,複雑で曖昧な状況に陥ったときの自分の行動様式を知るヒントとなる。体験が終わったあと,「イライラした」自分,「動けなくなってしまった」自分,「落ち込んでしまった」自分を繰り返し振り返ることにより,教師としての厚みも増すに違いない。

　介護等体験を通じて,少しでも自己理解が深まるように意識的に自分について振り返るよう心がけたい。

4　介護等体験に必要な心構え

　介護体験が導入されることとなった当初,受入れ側となる学校・施設の受け

止め方は非常に冷ややかであった。教員免許の取得をめざすとはいえ，なかには免許だけ取得できればよいと考えている学生もいるのが現状である。日々の業務で多忙をきわめるなか，こうした学生を毎年受け入れなくてはならない。「数日の現場体験で何が身につくのか」，「時間と労力の無駄ではないか」という思いを抱いたとしても不思議はない。

　学生のなかには介護等体験が義務化されていることについて，学生が当然の権利として介護等体験を行うことができることを意味すると誤って理解している場合がみられる。しかし，実際には，次世代の子どもたちの教育に従事する教員を育てるという趣旨に理解を得て，通常，児童・生徒や利用者に割くべき労力を割り振ってもらっているのが事実である。こうした事情をよく理解した上で真剣な態度で体験に臨む必要がある。

(1) 社会人としてのマナー

　介護等体験における社会常識にかかわることで最も問題となるのが，学生の「時間」に対する感覚と「身だしなみ」への意識であろう。

　はじめて訪れる体験先であればなおのこと，交通手段については時刻表を含めて確認しておき，最低でも15分前に現地に到着できるくらいの余裕をもって臨むのが常識である。体験先によっては，集合時間に1分遅刻しただけで体験中止となるところもある。厳しすぎると思われるかもしれないが，社会はそうした時間で動いている。

　身だしなみに関しては，体験先から指示がある場合はその指示に従う。ピアスや化粧，ネックレスや短いスカートなどは，普段から身につけている学生にとっては，当然のことと思われるかもしれない。社会人でもこうした身だしなみで通用する場面もあるが，介護等体験の場合は避けるべきである。体験の邪魔になったり，生徒や利用者との接触で，相手に怪我を負わせる事態を引き起こしたりということもある。

　また，典型的な例でいえば，自閉症の人には光るものに特別に興味がある人もおり，ネックレスやピアスを見た瞬間に突進して，それをあっという間に引きちぎってしまうということも考えられる。こうした不測の事態を防ぐために

も，身だしなみに注意を払わなければならないのである。

(2) カウンセリング・マインド

教師の身につけるべき資質のひとつとして「カウンセリング・マインド」があげられる。一般的には，ロジャーズの3原則といわれるカウンセラーの守るべき3つの原則のことを指す。すなわち，「無条件の肯定的配慮」「共感的理解」「自己一致（純粋さ）」が，生徒を理解し，生徒の成長を支援するために有効であると考えられている。

実は，この「カウンセリング・マインド」は，もともとはカウンセラーが相談に訪れたクライエントを理解し，支援するための方法であるが，介護等体験でも応用が可能である。特別支援学校の生徒と接する際，社会福祉施設の利用者と接する際にも，「カウンセリング・マインド」を意識することで，よりよい関係をつくることができるであろう。

(3)「報告」・「連絡」・「相談」

現場で重要なこととして「報告」・「連絡」・「相談」（略して「ほうれんそう」）があげられることが多い。これらの言葉は字面だけを見れば，どうということはない簡単なことのように思える。しかし，介護等体験では，初めての場で，初めて遭遇した出来事について，初めてあった教職員に「報告・連絡・相談」をしなければならない。そもそも，このことを「報告」・「連絡」・「相談」すべきなのかどうか，また，誰に，いつ「報告」・「連絡」・「相談」すべきなのかといったことについて，逐一指示されるわけではない。

こうした場面には，実はきわめて高度な状況分析力，判断力，行動力が必要になる。教育現場でもまさにこのような能力が必要となってくる。自覚的に，また，主体的に「報告」・「連絡」・「相談」に取り組まなければならない。

(4) 事故等への対応

体験では，当然のことながら，事故が起きないよう細心の注意を払う必要がある。入学時に大学で一括して傷害保険に加入している場合は，通例，新たに保険に加入する必要はないが，自分の加入状況を確認し，未加入の場合には個人的に加入しておく。事故には，体験先の生徒・利用者，教職員に怪我を負わ

せた，体験先の物品を破損した，自分自身が怪我をしたなどが考えられる。万一，不測の事態が起きた場合には，体験先の教職員に速やかに報告するだけでなく，大学の介護等体験の担当者にも連絡を入れる必要がある。事故を起こしたショックで対応が遅れる，対応そのものを怠るということは厳に避けなければならない。何よりも迅速に，また，誠実に対処することが，その後の展開を悪化させない最良の方法である。

(5) 守秘義務について

体験中，学生は多くの個人情報に接する。生徒・利用者の氏名，年齢，趣味等に始まり，ときには，障害名，病名等を知ることもある。体験中に知り得た個人情報は決して学校・施設以外にはもらしてはならない。このような義務を守秘義務と呼ぶ。最近では，個人情報保護法の施行により，誓約書の提出が求められる場合が多くなっている。

実際に，個人情報を外部に漏らしたことにより，生徒・利用者が直接的な不利益を被ることがある。たとえば，生徒の障害名を話した相手がたまたまその生徒と同じ地域に住んでいたというような場合には，生徒のあずかり知らぬところで，自己の障害が知られてしまうことになる。さらに，このようなことが起これば，体験先との信頼関係を損なうことにもつながる。

守秘義務を守ることは，その経験がない人にとっては案外難しいものである。友達とのおしゃべりのなか，ふとしたきっかけで個人情報を話してしまったり，個人名を記入した体験日誌を紛失してしまったりなど，個人情報を外部に漏らしてしまう機会は日常生活に多く潜んでいるので十分注意が必要である。

(6) ハラスメントの問題

介護等体験はその体験の性質上，身体的接触が起きる場合がある。水泳指導などでは水着を着用する場合もある。セクシュアル・ハラスメントについては，最近，社会の関心が高まっているが，介護等体験でもセクシュアル・ハラスメントは起こりうるのであり，これをいかに防ぐかという視点が重要である。セクシュアル・ハラスメントのパターンとしては，「教職員－学生」，「生徒・利用者－学生」，「学生－学生」などの組み合わせが考えられる。セクシュアル・

ハラスメントあるいはそれが疑われるような行為を行わないことはもちろんのこと，被害にあわないように自らも注意することが必要である。

また，場合によっては，体験を受けている学生が受入れ先の教職員から人格を傷つけるようなことを言われたり，生徒や利用者が教職員から人格を無視するような対応を受けているように感じてられる場面に遭遇したりすることがあるかもしれない。このように自己の地位や権力を利用して相手の人格を傷つけるような行為をパワー・ハラスメントとよぶことがある。

学生自身がパワー・ハラスメントを受けた場合は，すみやかに大学の介護等体験の担当者に相談することが必要である。一方，生徒や利用者がパワー・ハラスメントを受けていると思われる場合は，その場面だけを見て一面的にとらえている可能性もあるので慎重に判断する必要がある。こうしたことを考慮した上で，依然として疑問が感じられるのであれば，体験先の教職員に自分の感じた疑問を伝えるか，大学の介護等体験担当者に相談することが望ましい。

2 介護等体験の内容

1 体験前

(1) 大学への申し込みとオリエンテーションへの出席

介護等体験を行う場合には自らが所属する大学に体験の申し込みを行うのが一般的である。申し込みを行った学生の情報を大学が一括管理し，介護等体験のとりまとめ役である各都道府県の教育委員会，社会福祉協議会に申請する。この情報をもとに，教育委員会，社会福祉協議会が学校，施設の割り当てを行う。東京，大阪をはじめ大都市をかかえる都道府県では，この作業だけで膨大な事務が生じることとなる。くれぐれも事務的な手続きに遅れや間違いがないようにしなくてはならない。

大学では通常，介護等体験のためのオリエンテーションが行われる。介護等体験に必要な事務手続き等の説明に加え，介護等体験に関する事前指導が行われるので，必ず出席する。

(2) 体験にかかる諸費用

体験にかかる費用は，特別支援学校は無料，社会福祉施設では1日単位で一定の負担が生じる（東京都および神奈川の場合，2010（平成22）年度は1日あたり2000円）。このほかに体験を申し込む際に，健康診断書（大学の健康診断を受けた者はこれにかえることができる）に加えて，社会福祉施設では，細菌検査などが必要となる場合もある。また，体験先における打ち合わせや実際の体験も含めて，交通費，体験先における食事代等はすべて自己負担となる。

(3) 事前学習

大学でのオリエンテーションに加え，自分自身でも必ず事前学習を行う。事前学習にはさまざまなものが考えられるが，表 3.1 に示したような内容が一例となろう。大学の特別支援教育や社会福祉の授業を履修したり，関連する図書を読んだり，テレビ番組や映画，インターネットを利用して学習するのもよいであろう。重要なのは，関連する情報により多く接していることである。

事前学習が必要となるのは，体験を実り多いものとするためであることはいうまでもないが，忘れてはならないのは，体験先は児童・生徒あるいは利用者

表 3.1　事前学習の例

内　容	方法・資料等
〈体験先決定前〉 ・特別支援教育の概要 ・障害の特徴 ・高齢者福祉，障害者福祉等の概要 ・特別支援学校の教育課程の概要 ・社会福祉施設における福祉サービスの概要	・大学における関連科目の受講 ・『盲学校，聾学校及び養護学校　教育要領・学習指導要領』の通読 ・市販の介護等体験用テキストの通読 ・特別支援教育・社会福祉に関する一般書の通読 ・関連する映像資料の視聴
〈体験先決定後〉 体験を行う学校の特徴 　（対象となる障害の詳細，学校の歴史，教育目標，生徒数など） 体験を行う施設の特徴 　（提供される福祉サービス，施設の歴史，運営方針，利用者数など）	・体験を行う学校・施設のホームページの閲覧 ・特別支援教育，児童福祉，高齢者福祉，障害者福祉等に関する参考書の通読

にとっては，まさに，生活の一部となっている場であるということである。なんの知識もないまま，お客様的に体験に臨むことは，他人の家に土足で踏み込んで，しかも，そのことに気づかないのと同じくらい失礼なことである。

2 体験期間中

(1) 特別支援学校における介護等体験

特別支援学校は障害等をかかえた児童・生徒を対象にした学校である。参考までに特別支援学校の学校数，生徒数，本務教員数を表3.2に示した。2006年

表3.2 特別支援学校の学校数・生徒数・本務教員数 （2009年12月21日公表）

区分	学校数（校）	在学者数（人）					本務教員数
		幼稚部	小学部	中学部	高等部	計	
視覚障害	83	265	1,714	1,077	2,742	5,798	3,403
聴覚障害	116	1,247	3,096	1,809	2,309	8,461	4,732
知的障害	632	250	30,811	23,735	47,288	102,084	40,856
肢体不自由	295	188	13,507	7,979	9,412	31,086	14,593
病弱・身体虚弱	129	34	7,459	5,290	6,143	18,926	3,751
総　計	1,255	1,984	56,587	39,890	67,894	166,355	67,335

出所：学校基本調査（平成21年度）

資料3.1 特別支援学校における介護等体験の例

○○特別支援学校		
時刻	プログラム	体験内容
8:45～9:25	朝の会	朝の会に参加し，自己紹介
9:30～10:20	総合的な学習	高等部の授業見学
10:25～11:15	体育	水泳指導補助
11:20～12:10	音楽	生徒と合唱
12:10～13:10	昼食	昼食後，生徒とキャッチボール
13:10～14:00	修学旅行事前学習	修学旅行先の歴史と文化に関するビデオ鑑賞
14:05～14:55	修学旅行準備	グループ分けと係分担の決定，スケジュールの確認
15:00～16:00	帰りの会・掃除	帰りの会に参加し，体験の感想を発表。生徒と掃除
16:00～16:30	反省会	反省会を行った後，体験日誌を記入

度までの分類で説明すると，視覚障害は盲学校，聴覚障害は聾学校，肢体不自由，知的，病弱・身体虚弱は養護学校という区分に相当する。

特別支援学校における介護等体験の場合，すべて対象は生徒であり，指導に当たるのは教師である。教育実習を行っていない学生にとっては，「学校」という場に，生徒ではない身分ではじめて入り込む機会となる場合もあろう。学校がどのように運営されているかを知るよい機会となる。

体験の内容はさまざまであるが，資料3.1のようなものが一般的である。学校によって，体験の内容も学生が留意すべきことも異なってくるが，自分のもっている子どもに対する接し方の基本的なスタイルが自然と表れるであろう。たとえば，元気で快活に動き回る児童・生徒とウマがあったり，むしろ，物静かでじっくりひとつのことに取り組んでいる児童・生徒に接近してみたいと思ったりするということもあろう。一方，生徒は学生のもっている子どもに対する基本的なスタイルを感じ取り，学生への接し方を変えてくるに違いない。生徒との間にどのような関係を築いたかが体験の大きなポイントとなる。

(2) 社会福祉施設における介護等体験

社会福祉施設は大きく分けると，「児童」「母子」「高齢者」「障害者」を対象とした施設に分かれる。障害者を対象とした施設は，「身体」「知的」「精神」の3障害に対応した施設に分かれる。社会福祉施設での体験の場合，設置数の関係で高齢者施設，障害者施設での体験が多くなる。参考までに，図3.2に高齢者人口の割合の推移を，表3.3に障害者数を示した。

一口に社会福祉施設といっても，広範な福祉サービスをカバーしているため，その種類，規模，役割は特別支援学校に比べて多様であり，そこで働く専門職も多様である。特別支援学校の場合，「学校」という場であることから，学生は比較的イメージしやすいであろうが，社会福祉施設は学校とは異なる理念で運営されている。その分，自分が体験を行う施設について事前学習の必要性が高いといえよう。たとえば，学校現場では生徒の成長可能性に注目し，生徒の成長をいかに引き出すかに重点がおかれるのに対し，社会福祉施設では，いま，現在の利用者の生き甲斐や満足感などに注目し，それをいかに充実させるかに

第3章 介護等体験

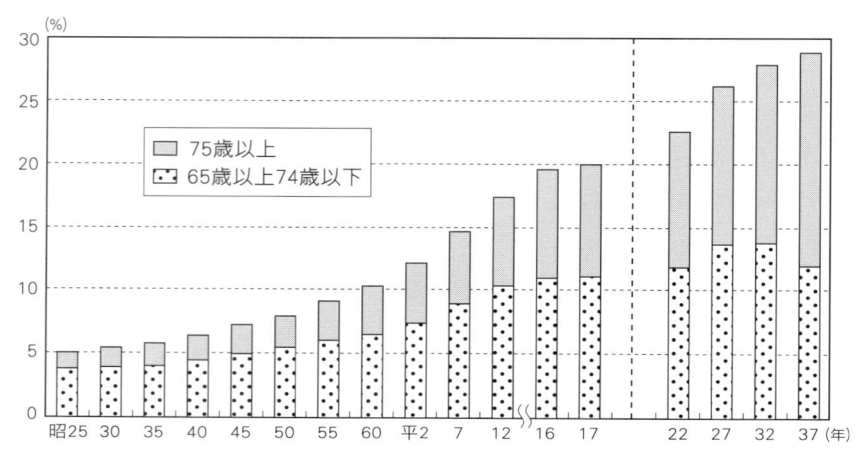

図3.2 高齢者人口の割合の推移

資料：平成12年までは「国勢調査」（年齢不詳を按分），16年及び17年は「推計人口」，22年以降は「日本の将来推計人口 — 平成14年1月推計」中位推計（国立社会保障・人口問題研究所），平成16年及び17年は9月15日現在，他は10月1日現在
出所：総務省統計局ホームページ「高齢者の人口・世帯」

表3.3 障害者数

		総数	在宅者	施設入所者
身体障害児・者	18歳未満	9.8万人	9.3万人	0.5万人
	18歳以上	356.4万人	348.3万人	8.1万人
	合計	366.3万人（29人）	357.6万人（28人）	8.7万人（1人）
知的障害児・者	18歳未満	12.5万人	11.7万人	0.8万人
	18歳以上	41.0万人	29.0万人	12.0万人
	年齢不詳	1.2万人	1.2万人	0.0万人
	合計	54.7万人（4人）	41.9万人（3人）	12.8万人（1人）
精神障害者	20歳未満	16.4万人	16.1万人	0.3万人
	20歳以上	285.8万人	250.8万人	35.0万人
	年齢不詳	0.6万人	0.5万人	0.1万人
	合計	302.8万人（24人）	267.5万人（21人）	35.3万人（3人）

注1：（ ）内の数字は，総人口1000人あたりの人数（平成17年国勢調査人口による）。
注2：精神障害者の数は，ICD-10の「V精神及び行動の障害」から精神遅滞を除いた数に，てんかんとアルツハイマーの数を加えた患者数に対応しており，「患者調査」の外来患者を在宅者，入院患者を施設入所者とみなしている。
注3：身体障害児・者の施設入所者数には，高齢者関係施設入所者は含まれていない。
資料：「身体障害者」在宅：厚生労働省「身体障害児・者実態調査」（平成18年）
　　　　　　　　施設入所者：厚生労働省「社会福祉施設等調査」（平成18年）等
　　　「知的障害者」在宅：厚生労働省「知的障害児（者）基礎調査」（平成17年）
　　　　　　　　施設入所者：厚生労働省「社会福祉施設等調査」（平成17年）
　　　「精神障害者」在宅：厚生労働省「患者調査」（平成17年）より厚生労働省社会・援護局障害保健福祉部で作成
　　　　　　　　施設入所者：厚生労働省「患者調査」（平成17年）より厚生労働省社会・援護局障害保健福祉部で作成
出所：障害者白書（平成21年版）

資料 3.2 社会福祉施設における介護等体験の例

○○デイ・サービスセンター		
時刻	プログラム	体験内容
8:30～9:15	オリエンテーション	施設見学，職員紹介，諸注意
9:15～10:00	利用者を迎える準備	ホームルームに参加
10:00～11:30	工作	利用者とおしゃべりしながら工作
11:30～12:00	昼食準備	昼食の配膳等の手伝い
12:00～13:00	昼食	昼食後，休憩
13:00～14:00	展覧会の見学	展覧会の会場までの移動の介助
14:00～15:00	レクリエーション	職員の手伝い。リクエストがあり，特技を披露
15:00～16:00	利用者の帰宅準備	送迎バスへの乗車介助
16:00～16:30	反省会	明日の注意事項の確認。体験日誌を記入

重点がおかれることがある。社会福祉施設で教育的に能力を引き出そうとかかわることが，かえって，利用者の日常生活の満足感を損ねることもある。逆に，学校で，児童・生徒の満足感のみを追求していれば，その児童・生徒がもっている成長可能性を引き出す機会を失うことにつながることもある。両者の違いは現場での経験がないとなかなか理解しにくいことであるが，この相違を頭にとどめておくことは重要である。社会福祉施設のうち，高齢者施設における体験を例示したものが資料 3.2 である。

　社会福祉施設が特別支援学校と大きく異なるのは，利用者の大半が成人であるということである。高齢者施設であれば，学生は利用者の孫ほどの年齢であることもあるし，障害者施設では同世代であることもある。したがって，目上の人や同年輩の人と接する際の自分の対人的なスタイルが自然と表れることになる。自分が祖父母と仲がよい場合には，高齢者施設で利用者との間に自然とよい関係を築けるかもしれない。同年輩同士のつきあいが苦手な場合には，障害者施設で緊張しながら関係をつくっていくかもしれない。利用者との間に，どのような関係を築いたか，身近な「学校」とはまったく異なる社会福祉施設という場のなかでいかに柔軟に，かつ，主体的に行動したかがポイントとなろう。

(3) 体験日誌の記入

体験終了後は、大学に体験日誌を提出するケースが多い。体験日誌は体験を行った日ごとに、体験先で記入するのが一般的である。体験日誌の記入は、大学に体験内容を報告するという意味だけでなく、自己の体験を整理するという意味ももっている。1-3「教職をめざす人が介護等体験を行う意義」の項でも述べたが、現場には教科書やマニュアルが通用しない場面が多々ある。また、起きていることの意味をひとつひとつ説明してもらえるわけでもない。混沌とした体験内容を文章化する経験は、教師となった際に、学校現場で経験するさまざまな出来事を自らの頭で理解し、考えることに役立つであろう。

(4) 介護等体験証明書

体験が終わると、体験先の学校長ないし施設長印を押した「介護等体験証明書」が発行される。この証明書は小・中学校の教員免許申請時に必要となるので、それまで大切に保管しおかなくてはならない。2年次、3年次に介護等体験を行い、申請する4年次になって紛失していることに気づく学生がいるが、体験先には保管の義務はない。紛失した場合、原則として、再度、体験を行わなくてはならないので、この点、とくに注意が必要である。

3 体験終了後

(1) 自己の体験を客観的にとらえる

介護等体験は教育実習と異なり、体験する時期が学生によりまちまちであるため、大学としてまとまった事後指導を行うことが困難な場合が多い。友人が介護等体験に行っていれば、どのような体験を行ったか情報交換を行い、自己の体験を客観的にとらえる機会をもつことが望ましい。

(2) 体験先での継続的なかかわり

介護等体験の期間内あるいは終了後、体験先の行事・催しへの参加や継続的なかかわりが呼びかけられる場合がある。これは学生個々人の意志で決めることであるが、もし、継続的なかかわりを行うことができれば、さらに多くのことを得ることができるであろう。体験期間中は、生徒、利用者は、学生をいわ

ば「お客様」として扱ってくれる。継続的なかかわりにより，「お客様」から「共に歩む人」へと関係が変化することもあるであろう。そこで得られる人間的なかかわりは，双方にとって意義があるだけでなく，教師の言葉に真の体験に裏うちされた迫力をつけ足すに違いない。
【伊藤　直樹】

考えてみよう
1．言葉によるコミュニケーションが難しい場合，どのような方法でコミュニケーションをとることが考えられるか？
2．体験先で行事に参加することになり，何か出し物を企画してほしいと頼まれた。何ができそうか？
3．介護等体験での経験を教育実習中に生徒に伝えるとしたら，どのように伝えるか？

参考文献
特別支援教育の在り方に関する調査研究協力者会議「今後の特別支援教育の在り方について（最終報告）」(答申) 2003年3月28日。文部科学省ホームページ (http://www.mext.go.jp/b_menu/shingi/chousa/shotou/018/toushin/030301.htm)
文部科学省「学校基本調査（平成21年度）」文部科学省ホームページ
(http://www.mext.go.jp/b_menu/toukei/chousa01/kihon/1267995.htm)
内閣府編『障害者白書（平成21年版）』日経印刷，2009年。
ロージャズ，C. R.（伊東博訳）『パーソナリティ理論　ロージャズ全集　第8巻』岩崎学術出版，1967年。
総務省「統計トピックス No.14　統計からみた我が国の高齢者－「敬老の日」にちなんで－65歳以上人口は5人に1人」2005年9月18日　総務省ホームページ (http://www.stat.go.jp/data/topics/topi140.htm)。

特別支援学校での介護等体験［受入側］

 介護等体験の学生は，それぞれ緊張して学校の門をくぐってくる。これまでに障害児と交流する機会のあった学生は少ない。「障害のある児童・生徒に接する」ということに戸惑う学生が多い。「どう話しかければいいのか」「反応もしてくれなかったら，どうしよう」などと思いめぐらし不安の顔つきである。これは，介護等体験の始まった10年ほど前と変わらない。当時は，介護等体験の意味を理解しないまま参加した学生が多かった。最近の学生は，自分なりの目標をもって参加し，「障害児に出会えてよかった」「障害児と心の交流ができた」「特別支援教育の一端を見た」などと感想を述べている。また，特別支援教育も職業選択のひとつになったと喜ぶ学生も出てきている。

1　特別支援学校での受け入れ

 特別支援学校（2007年度より盲・ろう・養護学校の名称変更）での体験はおおむね2日間である。大学の集中している東京都の特別支援学校は，年間300名におよぶ介護等体験生を受け入れている。初日のオリエンテーションでは，教育内容や注意事項のほかに，特定の児童・生徒につく場合があるので子どもの特性などのケース紹介がある。
 2日間という短期のことであるが，学校は体験生に期待している。体験を受け入れるということは，障害のある児童・生徒の良き理解者を増やすことになり，障害のある児童・生徒の教育である特別支援教育の内容を知ってもらえるチャンスとなると考えている。
 各学校の教員は，以下のような考えをもって体験を受け入れている。
(1)介護等体験の学生は障害者理解のスタート地点にいる。
(2)児童・生徒と交流するきっかけは学生自ら探るもので教員はそれ支える。
(3)教育実習の主旨とは異なるので，要求水準を設けない。

2　「ドキドキしながら」児童・生徒に近づく

 「養護学校は近づきがたく，恐いイメージがあった」と感想を述べた学生がいたが，オリエンテーションでは，学生自身が心を開いて，児童・生徒に近づくことを訴える。そのためには，「なんの話しが好きか」「何に反応するか」などをよく観察してみるようと伝えている。
 しかし，実際には児童・生徒から多くのアプローチを受ける。「手をつないできた」「頭を触った」等々。児童・生徒が視線を投げかけ気にかけている場合もある。このときが，

近づくチャンスとなる。
　「体験前には話しが通じるのか心配したけど，給食や芸能人のことなどふつうに話すことができた。心配することはなかった」「お互いにかばい合っている様子を見て，やさしさを感じた」。マラソン大会の伴走をした学生は，「生徒が息を切らせながら一生懸命に走る姿を見て「努力することの大切さ」を学びました」と感想を述べている。
　学部ごとにも指導目標がある。小学部では身の回りのこと，中学部では目的ある行動をとること，高等部では社会人としての常識を学び，身につけることが目標となる場合が多い。児童・生徒と深く接する場合には，配属された学部や一人ひとりの目標を担当に聞くなど確かめながら接することである。
　学生は戸惑うことも多い。「自閉症の児童が顔をすごく近づけてきた。質問を何度もしてきて困った」「手を握ってきたけど，どうすればよいかわからなかった」「携帯の番号を教えてと聞いてきた」。担任と相談することであるが，介護等体験で重要なことは，学生自身が障害のある児童・生徒と人間的なふれ合いをすることであり，自分でどうするか考えることであると思う。
　このように考えると，体験を有効に生かしていない学生がいることに気づく。友だち同士おしゃべりに夢中で児童の活動を見ていない。子どもが近づいても「なあに？」「どうしたの？」などと声をかけない。同じ目線で見ようとしゃがむことができない。自己紹介で「○○です」と名前しか言わない。この体験の意義を理解できぬまま不快感をもっているのだろうか。子どもと接するのが本当は好きでないのではないかなどと受入れ側として考えてしまう。
　「スポーツが好きで，とくに○○のファンです。昼休みには，遊びたいと思います」と自己紹介すれば，期待する児童もいるだろう。専攻している音楽を披露する学生もいる。学生自身が心を開き，工夫して自ら近づくきっかけをつくってほしいと思う。

3　特別支援教育に関心をもつ
　介護等体験の2日間を通して特別支援教育にも関心をもつきっかけになってほしいと考えている。その理由は以下の点にある。
⑴小学校や中学校の通常の学級に6.3％の障害のある児童・生徒がいるといわれている。義務教育の教師になったとき，「あなた」の学級に1名程度の障害のある児童・生徒がいる可能性があるということである。
⑵小学校・中学校の学習指導要領に高齢者・障害者と交流することが規定されている。学校の担当者として老人ホームや特別支援学級や学校との交流教育の計画を立てるこ

とになる。

⑶学級崩壊の原因・遠因のひとつに担任の障害児に対する理解不足があるともいわれている。担任に障害児理解がまったくなければ，適切な指導計画を立てられないばかりか，学級としての落ち着きとまとまりをつくれない。

⑷教員，とくに公立学校教員の場合は，誰でも特別支援学級や特別支援学校に勤務する可能性がある。特別支援教育を受ける学級や学校が増設され，そこで学ぶ児童・生徒は，いままでの何倍も増えるといわれている。

　介護等体験の意義は，「高齢者・障害者に対する介護等の体験を教育現場に生かしていくことによって，人の心の痛みが分かる人づくり，一人ひとりの価値観の違いを認められる心をもった人づくりを行うこと」である。教員志望の学生には自ら人との結びつきを深め，社会は多様な人間の集まりであるという人間理解の第一歩となることを願っている。

【藤田　誠／元公立特別支援学校】

社会福祉施設での介護等体験［受入側］

1 社会福祉施設にとって「介護等体験」とは

　厚生労働省の統計（2004年）によると，社会福祉施設は，全国に約9万カ所を数え，1990年の約5万1000カ所に比べて約1.8倍に増加している。また利用者の定員は約310万人にのぼる。いまや家族，親戚，友人など比較的身近なところで社会福祉施設を利用している人に出会う時代となっている。

　社会福祉施設には，社会福祉士や介護福祉士をめざす学生，団体や企業など，さまざまな立場の人々が毎日のように体験や研修の場として訪ねてくる。教員免許の取得をめざす「介護等体験」の学生もそのひとりである。

　介護等体験の学生は，社会福祉施設では5日間に介護・介助，交流・付き添い，掃除・洗濯などの体験を行っている。介護等体験での受け入れが1999年から始まって以来，「ボーッとして，指示を待っている」「人とうまくかかわれない」「利用者をそっちのけで行動する」，さらには「時間にルーズで，無断欠席や遅刻も多い」という社会福祉施設側の指摘を受け，そのたびに大学の教職員らが対応に追われるという場面もしばしば見うけられる。

　社会福祉施設側からすると，同じ学生の受け入れであっても，教職課程に在籍する学生の受け入れは，福祉系の学科の学生と比較して，何か難しく，違和感をいだいている職員も少なくない。

　この要因には2つの側面がある。1つには，原田（2002年）も指摘するように，この介護等体験というプログラムは，ほかの専門職にはない独特の困難さがあり，社会福祉士や介護福祉士になりたいという学生にとっての福祉実習は自分の目標とも合致しているので，学生自身がモチベーションを高めることができるが，介護等体験の場合，教師になるという目標と介護等体験の意義をストレートにはなかなか理解できない。

　もう1つは，社会福祉施設側が，介護等体験の学生が体験前の事前学習で何を学び，福祉に対する予備知識をどの程度もっているのか，事前につかめず，結局，学生を受け入れた後，しばらく様子を見ながら力量を推し量る状況が繰り返されているという点である。

　このように学生本人も大学側も社会福祉施設側も戸惑いや模索がまだまだ続いている。そこで本稿では，介護等体験の事前学習にかかわり，また大学関係者や社会福祉施設関係者とともにこの体験のあり方を模索する立場にある筆者から学生への期待を述べたい。

2 よい社会福祉施設の条件

「社会福祉施設」には,「恵まれない,かわいそうな人が過ごすみじめな場所」というイメージがまだ残っている。しかし本来,社会福祉施設は介護や支援が必要な方々(利用者)の「生活の場」である。「生活」とは,文字通り生きて活動する場のことである。3大介護である「食べて,排泄して,入浴して清潔を保つ」だけでは単に「生きている」だけである。買物に行ったり食事をつくったり,旅行や趣味を楽しむなどの「活動」があってはじめて「生活」になる。社会福祉施設の役割は,介護が必要になった方々の生活を支援し,「生活」という営みが本来的にもっている楽しさをともに再発見することにある(高井,2006年)。

さて,よい社会福祉施設には4つの条件がある。

1点目は「施設の立地」である。交通の便のいいところ,面会のしやすいところ,生活を楽しめるところがよい。建てられた時期によって福祉施設についての考え方が変化している。日本の場合,歴史ある施設ほど市街地から離れた所に建っていることが多い。かつては近隣の住民による建設反対運動もしばしばあった。しかし,「ノーマライゼーション」という言葉が導入された「国際障害者年」(1981年)が大きな転換となり,遠隔地から街中へ,大規模から小規模への移行が進んでいる。

2点目は「施設長の姿勢」である。最近は福祉以外の異業種からの参入も進んでいる。自分の名誉や欲望・利益でなく,利用者を大切にする姿勢をもっているかどうかがカギとなる。「事故が起きたらどうするのか」と管理に走るのではなく,いきいきとした活動の場づくり快適な生活環境づくりをはかる姿勢が重要である。

3点目は,「プライバシーを守る設備と使いやすい建物構造」である。個室,段差解消,介護しやすい設備などの充実が望まれる。

4点目は,「人権感覚をもった専門性豊かな職員」である。相手の立場をふまえ,自分がその立場だったらどう思うか置き換えながら実践できる職員のことである。1点目から3点目までが多少不十分でも,それをカバーでき,工夫できる職員集団であるかどうかが最も重要である。(高井,1996年)。

介護等体験を通して,実際の社会福祉施設の姿を学んでほしい。

3 相手の立場をふまえた態度やコミュニケーション方法を学んでほしい

学校現場では「指導」や「〜させる」などの言葉が日常的に使われていることが多い。福祉の現場でも援助する側は,「〜しなさい」とついつい言ってしまいがちである。こ

れを「指示形・命令形」の言葉という。そこで、相手の意思を促し、確認するためには「〜してもらえませんか」「〜はいかがですか」などの「依頼形」の言葉に言いかえることが必要になる。こうするとコミュニケーションが弾み、援助がスムーズになる。

　また、自分がその立場になったときにされて嫌なことは相手にしないことも大切である。たとえば、車いすを利用している人と会話をするとき、立ったまま話せば、利用者に威圧感たっぷりに見下ろしているというような印象を与えることになるので、同じ高さの目線で行うのが基本である。同じように、動物に餌を与えているのではないのだから、食事介助も立ったままで行わない。

　トイレに入る時にドアを閉めない人はいないであろう。オムツ交換もほかの人に丸見えにならないように心がけるべきである。同様に入浴介助の際に、利用者がタオル1枚の裸の姿で、廊下で順番待ちするということも防ぎたい。

　「ゆっくり食べていいのよ」「ゆっくりお風呂につかってくださいね」といいながらその傍らで食器や道具の片づけを始めるというのは相手に無言の圧力をかけるのに等しい。

　また利用者のなかには、同じことを繰り返しながら話しかけてくる人もいる。あくまでも受容・傾聴の姿勢で接してほしい。

　このように、相手の立場をふまえた態度とコミュニケーション方法の重要性は、福祉の現場でも教育の現場でも共通である。このことにも気がついてほしい。

4　専門性を動かす「原動力」を学んでほしい

　福祉施設で働く人たちの「工夫」を観察してほしい。

　たとえば、「〇〇さんのオムツ、替えておいたからね」といわれているお年寄りの気持ちはどのようなものであろうか。こんなふうに言われれば羞恥心からオムツの交換を遠慮したり、我慢したりするようになるだろう。認知症のお年寄りの耳元で「すみませんが、オムツ替えさせてもらいます。お部屋へ戻ってもらえませんか」と職員が問いかける。そうしたらお年寄りは「濡れていない」と答える。本当はオムツはドボドボの状態である。「オムツを当てるようになったら長生きしたくない」という気持ちは、認知症のお年寄りも敏感である。このとき、「下着交換させてもらえませんか。洗濯しますので」と言いかえてみる。そうすると応じてくれる。オムツという言葉をなくし、羞恥心をなくすことで、意思を表してくださるのである。

　このように社会福祉施設の現場では相手の立場をふまえた実践を絶えず工夫しながら進めている。これが福祉施設で働く職員の「資質」であり、「専門性」である。この点は教員も同じであろう。

一般に「専門性」というと資格や免許のことをさすと思いがちであるが，知識はもっているだけ，単位は取っただけ，免許はもっているだけ，技術は身につけただけで，それらを実践しなければ何も役には立たない。だから「介護等体験」で「他人に対して優しい」「協調性をもってチーム労働ができる」「笑顔で対応できる力」「向学心をもつ」「健康で働く」「いざというときにバックアップしてくれるような同僚とのつながりをもつ」などの専門性を動かす原動力である「資質」を身につけていってほしい。そして，相手がもともともっている個性や本音，経験などの「力」や「魅力」を引き出す援助ができる教員・職業人になってほしい。

おわりに

現在20歳前後の学生も50年後には全員高齢者になっている。なかには人生の途中で病気や事故などで障害を負う人もいるかもしれない。だからといって，よい福祉社会，よい社会福祉施設は一夜にして成り立たない。自分がその立場になってから障害者福祉や高齢者福祉を改善していくのでは遅いのである。いまのうちから，学生もよい福祉社会を築く過程に参加し，福祉に対する遠慮や偏見のない社会をつくるために，教員として，社会人として何ができるのかをよく考えてほしい。そして障害があっても，障害がなくても「共に生きること」の大切さを知ってほしい。

若者の気質の変化，教員に求められる資質の変化，社会全体の高齢化や障害の重度化が進むなか，「介護等体験」をめぐる環境も日々変化している。福祉関係者側にとって「介護等体験」は，福祉へのよき理解者を増やしていくための未来への種まきである。そして，「介護等体験」は現代社会を映す鏡であり，教育と福祉の連携の試金石なのである。

【小柏　博英／市社会福祉協議会】

参考・引用文献

厚生労働省「社会福祉施設の施設数・定員・在所者数・従事者数，施設の種類別」ホームページ（http://wwwdbtk.mhlw.go.jp/toukei/youran/data17k/3-34.xls）。

原田正樹「学生のモチベーションをどう高めていくか」東京都社会福祉協議会編『大学と施設をつなぐ介護等体験プログラム』筒井書房，2002年，11ページ。

高井時男「新人必読！　抑えておきたい7つのタブー」『おはよう21　2006年5月号』中央法規出版，2006年，12ページ。

高井時男「老人ホームとノーマライゼーション」永和良之助編『私たちが考える老人ホーム―新たな老人福祉の創造―』中央法規出版，1996年，48-54ページ。

第4章　教育実習とは何か

1　専門職養成と「実習」

　学校の教員のみならず，業務に際して一定水準の技能が求められる専門的な職業においては，その養成―免許取得―入職のプロセスのなかで一定の「実習」（業務の実際に触れる形での学修）が要件とされるのが通例である。ただし，いつ，どのようなかたちでどういう内容の「実習」を行うか，あるいは養成―免許取得―入職というプロセスにおいて「実習」がどのような意味をもつのか，ということに関しては，それぞれの職に求められる専門的な技量のありようや，社会的・文化的な事情もかかわってさまざまな議論がある。

1　専門職養成プロセスにおける「実習」

　ここではまず，教育実習について考える前提として，他の専門職の養成も含めて広く「実習」のあり方を見てみよう。
　医師・薬剤師・法曹等の，国家試験による免許・資格制度が確立している専門職においては，その試験をパスした者でなければ従事できない業務が明確に定められている。日本の医師免許を持たない人が日本国内での医療行為を行うことはできず，薬剤師免許を持たない人が薬局での調剤や服薬指導を行うことはできず，また，法曹資格を持たない人が法廷活動を行うこともできない。それらの免許・資格を国家が管理することは，社会秩序を守るうえで不可欠である（政府が免許・資格を管理せず，自称「医師」による医療行為や，自称「薬剤師」による調剤行為や，自称「弁護士」による法廷活動がまかり通る事態を想定してみれば，この必要性は容易に理解できよう）。当然，それらの免許・資格制度との関係で，

養成教育や「実習」のあり方も規定されてくる。

　医師や薬剤師の養成は，いずれも6年制の医学部・薬学部において行われており，この6年制学部を卒業しないと原則として国家試験の受験資格が得られない。医学部の5年次・6年次は，基本的には臨床実習課程として位置づけられ，学生たちはグループを組んで各大学の附属病院等で臨床実習を行う。しかしながら，この時点での学生たちは医師国家試験の前であるために実際の医療行為を——たとえ部分的にであっても——行うことはできない。したがってこの臨床実習は観察，および補助的な参加がメインとなる。2005年度から6年制に移行した薬学部においても，5年次・6年次に長期の実習が課されている。学生たちは，大学において5週間の実習事前指導を受けた後に，病院実習と薬局実習を計5ヵ月間行うことが要件となっている。ただし，薬剤師の業務の中核となる「調剤」行為は薬剤師免許を持つ者のみに認められた行為であり，実習生が調剤を行うことは法に触れる。したがって，実習生が行えることとしては，指導薬剤師が立ち会ったもとで，確認や繰り返しが行える範囲で薬剤を調合することに限られている（加えて，事前に患者の了解を得ること等のガイドラインが設けられている）。いずれも，大学で養成教育を受けている学生は免許取得—入職前であり，その段階での「実習」の業務は限定されている。

　法曹養成の「実習」の位置づけは，これらと少し異なっている。法曹資格を得るに際しての国家試験（司法試験）の受験資格は，大学（学部）卒業後2年（法学既修者）〜3年（法学未修者）の法科大学院を修了することで得られるが，この養成プロセスにおいては実際の法務についての「実習」は要件とはされていない。司法試験の合格者を対象として，その後1年半の「司法修習」を行い，その修了をもって法曹資格が認定されるシステムになっている。そこにおける「実習」は，大学教育の一環ではなく，政府が直接に管理するものとなっている。

2　「教育実習」のとらえ方

　教員の免許・資格の認定に際しても，政府が統一的に試験を課している例が，ヨーロッパやアジアなどにいくつか見られる。たとえばドイツでは二回の国家

試験とその間の試補を経て教員資格が得られるシステムが採られており，また台湾で教員資格を得る際にも，大学4年を修了した後に6カ月間の実習を行い，その後に政府の行う試験をパスすることが要件となっている。

　しかしながら，日本をはじめとする多くの国・地域においては教員の国家試験的なものは設けられておらず，大学等の養成教育を行う機関で所定科目の単位を修得し，その修了によって免許が認定されるシステムを採っており，「教育実習」はその所定科目の一つとして位置づけられている。当然，「教育実習」の位置づけやその単位認定のあり方も，それぞれの大学等のカリキュラムのなかで定められることになる。とくに日本の場合，「開放制」原則下で多くの大学がそれぞれのポリシーをもって単位認定を行っており，そのありようは多様で，かつ錯綜気味でもある。

　藤枝静正は，戦後日本の大学において行われている教育実習の多様なありようを網羅的に調査し，その結果を踏まえて「(A)免許要件的」「(B)体験学習的」「(C)実地練習的」「(D)精神形成的」「(E)実践研究的」の5つの理念形的類型に整理している(1)。「(A)免許要件的」とは，教育職員免許法で定められている基準に合わせることを主目的としている，どちらかといえば受動的，状況依存型の教育実習観をさす。

　実際に各大学の「教育実習の手引き」等に示される教育実習観は主に(B)〜(E)である。「(B)体験学習的」とは，学校の現場を実際に体験することで学生のモチベーションが高まる等の教育効果が上がることを企図した教育実習観であり，さらにすすんで学校教員として必要とされる授業実践の能力等を実地に練習することを旨とするのが「(C)実地練習的」教育実習観である。また一方，近代初期以降の日本の教員養成における根強い教育実習観として「(D)精神形成的」とでもいうべきものがあり，そこでは「教育者たる者の精神」を実習を通じて涵養することが期待される。

　この(B)(C)(D)は，教員以外の養成教育における「実習」においてもおおむね共通している。実習を通じて「○○の現場を実際に体験」し，「○○における実践者としての技能に習熟」し，「○○に従事する者としてのプロフェ

ッショナル・マインドを養成」する……その「○○」の部分には「教育」の代わりに「医療」「薬事」「看護」「保育」「福祉」等々，多くの語が入りうる。

　しかしながら，「実習」を通じて，教育現場で生起する諸現象を自ら研究的にとらえ・分析するという目的，すなわち藤枝のいうところの「（E）実践研究的」教育実習観は，他の養成教育における「実習」にはあまり見られないものである。これは，他の専門職においては，教員と比べた場合に，「実習」を通じて身につけるべき技能の範囲を具体的かつ明確に示すことが容易で，そして免許取得─入職後に従事する業務の範囲を明確に定めることが容易であることに由来する。しかもそうした技能を修得し，免許を取得し，専門的な職業に従事するに至る一連のプロセスと，その領域の研究者になるプロセスとは多くの場合に分かれている。このことは薬学研究者養成（4年制薬学部─大学院薬学研究科）と薬剤師養成（6年制薬学部─国家試験）や，法学研究者養成（大学院法学研究科）と法曹養成（法科大学院）などの例に典型的に現れている。

3　教師像と教員の職務，そして「教育実習」

　しかしながら，教員養成における「実習」は，これらとは明確に異なる。教員になる者は，単に定式化した技能や，一定範囲の業務に習熟することではなく，それぞれが自分の眼で教育的諸現象を構造的・分析的にとらえることが求められるのである。教育研究においては「（理論）研究者」と「実践者」とは不可分であり，実践と切り離された教育研究は成り立たない一方で，研究的な視点を欠いた実践も成り立たないのである。その「理論」と「実践」の架橋になる科目が「教育実習」なのである。

　見方を変えれば，教員になるものが身につけるべき「知」とは，単に既存の学問領域における知見や方法論に習熟するだけではなく，教育の現場で絶えず変化する子どもたちのありように即応して，そこから得られた知見を構造化して次の実践を高めていくという性質をもつ，ということでもある。「教育実習」とはそのための一つのステップであり，したがって単に一定期間学校現場に身を置いて教員の実務を経験する，というだけではなく，それに際して研究的な

視点を用意し（事前指導），現場から大学に戻った後に研究的にその実践を省察する（事後指導），という一連の流れをもった大学の科目なのである。

それゆえ「教育実習」とは，単なる現場体験でもなければ，単なる技能の練習の場でもなく，はたまた教育者精神の涵養を主目的とするものでもなく，教育現実を自ら研究的に捉える契機としての意味をもっていることがわかる。それゆえに「教育実習」は大学教育のなかに位置づけられているのだ。単に「子どもの目の輝きに触れて感動した」だけでは実習としては不充分なのだ，ということを肝に銘じて実習に臨みたいものである。

4　実習生の「業務範囲」について

当然のことながら，養成教育のなかでの「教育実習」に臨む大学生たちは，免許取得―入職前の段階にある。したがって，免許取得―入職（採用）を経て正規の教員として勤務する者と同じ業務がすべて行えるわけではない。実習生が児童・生徒の懲戒にかかわったり，学校の経営方針の企画立案にかかわったり，という責任ある仕事に従事できないことはいうまでもない（実習校によっては，こうした場面にオブザーバとして立ち会う機会は得られるかもしれないが）。

しかしながら，臨床実習を行う医学生に医療行為そのものが許されず，薬局実習を行う薬学生に調剤行為そのものが許されていないのに対して，教育実習を行う実習学生は教授行為そのものを行うことが禁じられていないばかりか，むしろ実習期間中にある学年のある単元の授業について教材を用意し，授業案を作成し，実際に児童・生徒を前に授業を行い，場合によってはその学習の評価（テスト等を通じて）をする，という一連の業務は「教育実習」のメイン・コンテンツですらある。そもそも教育職員免許法は医師法や薬剤師法などと異なり，免許を持たない者の教授行為を禁じておらず（学習塾・予備校や家庭教師など，学校以外で教授行為を行う者に免許は求められない），単に初等・中等教育を行う学校で教職に就く者の要件を規定したにすぎないのである。また，「教育実習」において実際に児童・生徒を目の前にして授業づくりの実践を行うことは，その実践を研究的にとらえるための前提条件として大切なものである。

したがって，見方によっては，教育実習生の負うべき責任は，臨床実習の医学生や薬局実習の薬学生よりも（司法修習生よりも）重い。実習生の受け持ったある単元の授業において，教材研究が不十分で，適切な授業案が用意できず，十分な学習効果が上げられずに多くの児童・生徒たちがその単元の内容の理解に「つまずき」をかかえ，後々の学習にまで影響するという事態が不幸にして生じたならば，その一義的な責任の所在は実習生にあるのだ。

2 教員養成カリキュラムにおける教育実習

1 「教育実習」と実習校，実習時期の設定

免許状取得にあたっての「教育実習」の要件は，教育職員免許法の施行規則によって，免許種ごとに3～5単位（事前・事後指導を含む）と定められている（第5章参照）。免許状取得要件としての「教育実習」（第6欄科目）は，基本的に大学（学部）教育の後半（4年制大学ならば3-4年次）に置かれている。これは，「教育実習」のメイン・コンテンツとなる授業実習（教壇実習）を行う前提として，教科の教育内容や，教科の指導法を一定程度マスターしておくことが必要となるためである。ただ後述するように，近年は1年次から学校現場体験を課し，初期段階から〈体験〉的プログラムを配置している大学も見られる。

実習校は大別して「附属（系列）校実習」「母校実習」「協力校実習」の3種があり，それぞれ一長一短がある。

いわゆる教員養成系大学・学部においては，附属学校を設置することが大学設置基準上の要件となっており，そうした大学においては，附属の学校園で実習を行うのが通例である。また，私立の一般大学のなかにも，系列の学校園で教育実習を行う例が見られる。こうした「附属（系列）校実習」は，実施に際しての大学と実習校との連携を緊密にするうえでは好都合であり，また実習生に対する指導体制を築くうえでのメリットも大きい半面，実習校の児童・生徒たちが「実習慣れ」しているために一般的な教育現場の課題をリアルに反映しているとはいえない面もある。さらに，これらの附属（系列）校においては，一時期に多数の実習生が集中するために，それぞれの実習生が受け持つ教壇実

習が量的に不足しがちであるという問題も生じている。そのため，教員養成系大学・学部においても，附属校実習を予備段階に位置づけ，これと他のタイプの実習校での実習を組み合わせて課す例も多く見られる[2]。

「母校実習」とは，実習生の出身校で実習を行うというものである。これは，実習校の状況について実習生が実体験に基づく知識を有しており，また，とくに高等学校の場合では実習生指導に当たる教員がその実習生が生徒だった当時に担当しているケースも多く，実習生と実習校の関係が円滑にすすむというメリットをもつ。半面，大学と実習校とが地理的に離れているなどの事情から緊密な連携を保つことが難しく，さらには実習生の評価に際しても母校の指導教員が客観性を欠く面もある，という弊害も指摘されている。

「協力校実習」とは，大学の所在する，もしくは近隣の地方自治体の教育委員会にアレンジを依頼し，その地域内の公立学校で実習を行うものである。これは，大学の近隣地域の教育現実を具体的にとらえて実習を行ううえで大きなメリットをもつが，特に大学の多く集まる地域の教育委員会は実習校のアレンジに多大な労力を要し，実習校によっては必ずしも実習指導体制の整わないケース（実習生の担当教科の指導ができる教員が十分でない，等）も見られる。

実習の時期は，免許種に応じた最低要件となる期間（高等学校は2週間，その他は3〜4週間）以上を一括で設定する大学が多い。実習校の学年暦の関係から，大きな行事が比較的少なく，また学期初めや学期末にも当たらない6月（次いで9月〜10月）に実習が行われる例が多いが，近年は年2期制の導入を行う自治体も増えてきていることもあって，実習時期の設定は多様になってきている。

4 〈体験〉的プログラムの中の「教育実習」

このような，数週間を一括で連続形式で行う「教育実習」は，ある決まった単元を実習生に委ね，授業づくりから評価にいたる一連の実践を実習生に課すうえでは好都合である。ただしこの形式では，児童・生徒が発達していくプロセスを中長期的にとらえることは難しい。また，先に述べたように実習期間の設定が多様になり，多くの場合は大学の通常の授業と同時並行で行われること

から，いわゆる「二重履修」の問題（学生が実習に出ている期間の，数回の授業に欠席を余儀なくされる）も生じている。

　教員養成系大学・学部の一部では，こうした問題への解決策として「〇学期の毎週〇曜日は〇年生は実習校に行く」という形で時間割の中に「教育実習」を組み込む試みも行われている[3]が，こうした対応を採りうる条件にある大学は限られており，多くの大学では，一括で実習に出す期間をなるべく短めに設定して「二重履修」問題の軽減を図る一方で，「教育実習」（第6欄科目）以外にさまざまなかたちで学生たちが児童・生徒の発達の現場にふれる〈体験〉的なプログラムを設定しているのが通例である。

　その種の〈体験〉的プログラムには，大学カリキュラムにおける他の科目に現場体験や参加にかかわる要素を取り入れたもの（たとえば第2欄「教職の意義等」に関する科目で学校参観を含むもの）もあれば，大学の近隣自治体の教育委員会との取り決めによって「学校支援ボランティア」「放課後チューター」「ティーチング・アシスタント」等のかたちで学生たちが学校現場に補助的にかかわるなかで〈体験〉を行うという行政主導のものもあり，多様な展開が見られる。そこでは，単に大学が学校にお願いして実習生の「面倒を見てもらう」という一方的な関係を脱し，学生の学びの充実とともに学校現場における児童・生徒の学習活動のサポートもはかれるというwin-win関係への進化も見られる。

　しかしながら，これらもろもろの〈体験〉的プログラムにおける学生たちは，あくまでも補助的な業務にかかわるにすぎず，また科目としての「教育実習」ほどに構造化されていないことに注意が必要である。切れ切れの，補助的なかかわりで教育現場に赴く体験を積み重ねても，それだけでは教育的諸現象を構造的・研究的にとらえる力が充分につくとはかぎらない。のみならず，補助的な業務に携わる体験が豊富であることが逆に，ある部分の教育指導に責任をもつという経験の相対的な比重を低下させ，入職後に直面する責任の重圧（リアリティ・ショック）を増してしまう懸念すらあるのだ。

3 地方自治体の「養成塾」的事業

一方，前述の地方自治体のティーチング・アシスタント的な取り組みを発展させ，地方自治体の教員採用・研修施策と結びつける動きも見られるようになってきた。2004年に東京都教育委員会が始めた「東京教師養成塾」は，前年度までの「ティーチングアシスタントモデル事業」を発展的に解消したもので，都内（後に近隣に拡大）にあって小学校教員の養成課程を持つ大学4年生と修士2年生を対象として1年間の継続的な「特別教育実習」（毎週決められた曜日に，都内の指定された公立小学校に赴き，授業の補助と教壇実習を行う）等のプログラムを課し，その修了者は別枠で採用されるというシステムで，東京都教職員研修センターが行う事業の一つとなっている。この種の「教師養成塾」的なものは他の県や政令指定都市などに波及しつつあり[4]，学生たちに〈実践〉にふれる豊富な機会を提供していることは確かであるが，研修行政を担う指導主事たちによって主に担われる振り返りの場が，実際の業務として要請される短中期的なものに傾きがちであり，また採用行政と結びついた「入職前研修」としての性格も帯びているなどの点で，大学カリキュラムの一環としての「教育実習」における研究的省察とは多少の隔たりがあることも確かである。

「教師は現場で育つ」とよく言われるが，大学在学中から豊富に現場に触れることが，学識ある専門職としての教員の養成に必ずしもプラスであるとは限らない。充分な学識のないままに単にスキルを身につけることは，教員の仕事を単なる技術主義的なものに低めてしまう。「優れた教員を育てるための実習とは何か」を見据えた上で，教育委員会と大学とが共同責任を果たすようにしていくことが大切であろう。

3 教育実習のかかえる課題

1 実習期間の問題

教員免許状取得要件としての教育実習の時間数という点において，日本は国際的に見て低いレベルにあることは事実である。欧米のみならず，アジアの他地域と比べても，日本の実習期間の短さは目立つ[5]。たとえば台湾においては，

通常の4年間の学部（学士課程）教育を修了した後に半年間の実習をすることが教員資格取得の要件となっていることは先に述べたが，この実習は，いわゆる教壇実習（教科指導）に相当する「教務実習」のほかに，生徒指導等の教科外指導に相当する「輔導実習」，学校の組織運営にかかわる事務的な仕事の実習としての「行政実習」の3つから成り立っており，「行政実習」は他の2つのオリエンテーションも兼ねて通常は夏期休暇中から行われる。あるいはタイにおいては，2004年から教育学部（学士課程）が「5年制」に移行し，その5年次の36週間（18週×2学期）がまるまる「インターンシップ」と呼ばれる実習プログラムに充てられている。この「インターンシップ」は，大学周辺の実習校に5年次の学生を各校数名ずつ配置し，実習校の指導教員（メンター）と大学の指導教員（スーパーバイザー）とが協働して実習生の指導に当たる。実習生は，実習校においてメンターの指導監督を受けながら，学級経営や教科指導，生徒指導等の一連の業務を，ほとんど一般の教員と変わらずに担当する。そのうえで実習校での具体的な教育課題を基にした「課題研究」（教材開発，プログラム開発等）を行い，それが教育学士課程の修了＝教員資格取得の要件となっている。

2　日本の「開放制」と教育実習

　なぜ日本の教育実習は短く，また教壇実習（教科指導）が中心なのだろうか。これには，日本における教員免許状授与の「開放制」が深くかかわっている。「開放制」とは，国公私立いずれの大学においても，一定の要件（教育職員免許法に基づく課程認定基準）を満たした機関はすべて等しく教員免許状取得のための課程を置くことができるという原則であり，大学レベルの人材を広く教育現場に取り込むための仕掛けとして構想されたものである。旧制度下（1949年の教育職員免許法施行以前）では，小学校の教員養成は師範学校（おおむね専門学校レベル）による目的養成が独占的に担っており，学生たちにはおおむね1学期間の実習が課され，また卒業後は一定期間の服務義務が課せられていた。その一方，中等学校の教員養成については，目的養成機関としての高等師範学校のほかに，試験検定や，指定学校（旧制大学等）・許可学校（旧制専門学校等）を対

象とした無試験検定制度（修了者に対して書類審査のみで教員免許状を認定する制度）等の多様なルートが設けられており[6]，そのうち試験検定と指定学校による無試験検定合格者に対しては「実習」的要素が課されてはいなかった。戦後は旧制の大学のほか，師範学校・高等師範学校・専門学校等の諸機関が新制「大学」に一本化され，「開放制」原則下で小学校教員・中等学校教員の双方について，新制の「大学」において養成教育が行われることとなったのである。その際，旧制度下で「実習」的要素が要請されていなかった部分をも含めて一律に長期の実習を課すような制度設計は困難であった。そのため，最低要件としては低めの設定（しかも小→中→高と学校段階が上がるにつれて量が減少する形）が採られたのである。1学期間の実習を課すためには，大学カリキュラムや時間割編成の多くの部分に影響するが，2-3週間ならば，その影響は比較的小さい。

　日本の教育実習が教壇実習（教科指導）中心であることも，こうした旧制度以来の経緯に基づく。1947年の学校教育法以前は，義務教育は基本的に6歳からの6年間（小学校相当）であり，それ以後も学ぶ意欲のある生徒だけが入試を受けて中等学校に進むのが原則であった。それゆえ入学時点で相当程度の学習意欲と学力水準をもっている生徒たちに，よりレベルの高い教科指導を提供するのが，旧制の中等学校の教師たちの主要な仕事だったのである。それゆえ，旧制の師範学校以外では，教育実習に教科外指導を含むという発想自体がほとんどなかったのである。その後新制の中学校が義務化され，また高等学校も進学率の上昇にともなって「準義務化」されたことによって，生徒たちの相当部分は，必ずしも学ぶ意欲の充分とはいえないティーン・エージャーが占めることとなった。このことの問題は1971年の中央教育審議会答申「今後における学校教育の総合的な拡充整備のための基本的施策について」のなかで「義務教育としての中学校の教育や80％以上の者が進学する高等学校の教育は，戦前の中等学校とは異なった新しい教育指導上の問題をかかえている。そこで，中学校はもとより，高等学校についても，さまざまな資質・能力・関心をもつ多様な青少年に対する教育指導の方法についてじゅうぶん修練を積んだ教員が必要」であると指摘される[7]など，早くから政策審議の場でも認識されてきて

はいるものの，依然として教員養成にかかわる制度の基本骨格が改められるにはいたっていない。

3 「教育実習公害」論

　「開放制」原則は，発足当時は「大学」レベルでの養成教育を受けた教員を豊富に確保するうえで大きな効果をもっていた。とくに小学校教員については旧制度下では大学卒（学士）に満たない基礎資格で免許状を取得することが原則であったため，その学識の乏しさが古くから「師範タイプ」として批判の対象でもあった。そうしたことから，多くの大学が広く教員養成に参画する「開放制」原則は，当初はおおむね好意的に受けとめられたようである。

　しかしながら，1960年代以降，日本の高等教育（大学教育）の規模は著しく拡大し，進学率も上昇してきた。そして多くの大学・短期大学等が教職課程を置くようになり，小学校・中学校・高等学校の教員免許状は総計で約20万枚発行される状態が続いている（複数免許状取得者がいるため免許を持つ者の実数はこれより少ない）。一方で，1980年代以降の少子化などを原因として，教員の需要は（大都市圏での小学校教員の不足など，一時的・局地的な例外はあるものの）長期的には低落傾向にあり，公立小・中・高等学校の新規採用教員数は2万人台にとどまっている。こうした事実は，実習校サイドでは，手間をかけて指導した実習生の大半が実際には教職に就かないということを意味する。多様な課題をかかえる多忙な教育現場で働く教員たちが実習生を引き受け，教科指導や教科外指導，その他学校における諸々の業務の手ほどきをするのは，「後進を育てる」という使命と，その熱意に負うところが大きい。実習生が行う授業は，一所懸命に取り組んだにしても，多くはその未熟さゆえに充分とはいえない水準のものにとどまる。実習を終えた後に，指導に当たった教員が同じ単元をもう一度やり直して児童・生徒の理解の不充分なところを補うことも珍しくない。しかしながら，その実習生が実際に教職に就かない――あるいは，就くつもりがない――とするならば，実習校で指導に当たった教員の努力は徒労に終わり，不充分な授業に何週間かつきあわされた児童・生徒は迷惑を被るだけである。

こうした状況が広範囲に見られるようになるなかで、揶揄的に「教育実習公害」論が叫ばれるようになってきた。この言葉は1960年代から語られ、半世紀の歴史をもっている。「開放制」は広い範囲から優秀な人材を教育界に取り込む制度である一方、学生にとってみれば将来的な進路選択を豊かにする手だてとしての教員免許状を取得（卒業後直ちに教職に就く意志はなくとも）することが大きな負担を感じずに可能な制度でもある。この両者の傾き具合から「教育実習公害」論は出てくるのである。

4　「教職課程の改善・充実」における課題

中央教育審議会答申「今後の教員養成・免許制度の在り方について」（2006年7月）では、大学における教員養成教育＝「教職課程」の改善・充実のために、新科目「教職実践演習」の創設、これにともなう学生の学修履歴の管理、大学の責任ある指導体制の確立のための「教員養成カリキュラム委員会」的組織の創設などを提言している。

同答申にいたる過程では、教育実習のあり方、なかでも実習校の設定に関する問題が議論の俎上にのぼった。実習生の卒業した学校で実習を行う、いわゆる「母校実習」は、実習生が実習校の状況や課題についての予備知識をもちやすく、また指導に当たる実習校の教員の方でも実習生の事情をよく知っているケースが多いため、実習が円滑にすすみやすいというメリットをもっている。しかしその一方で、実習生に対する評価が公平性を欠き、採用に際しての参考になりにくい、あるいはとくに高等学校で実習を行う場合に、実習生の出身校がいわゆる進学校に偏り、とくに学習面での指導に問題の少ないケースが多く、一般的な教育課題や指導上の問題に馴染みにくいなどの弊害も指摘されている。こうした状況を踏まえて、中央教育審議会初等中等教育分科会教員養成部会の基に設けられた「教職課程の充実・改善に関する研究協力者グループ」では、母校実習についての改善の必要性を指摘している。この指摘を実現するには、特に一般大学の教育実習のあり方に大幅な変更を要することもあり（第5章参照）、今のところ政策として実現されてはいないが、将来的に実習校の選定に関して

課題を残していることは確かであろう。

また，上述の中央教育審議会答申（2006年）は，各大学における教育実習の内容がまちまちであるという認識に立って，「実習内容は，学校における教育活動全体を視野に入れることが基本」としながらも「教科指導の実践は教育実習の最も重要な内容である」ので，一定程度の授業実習を確保するように求めている。「教育実習」の内容として，何が，どの程度あるべきなのか，という質・量に関わる問題は，今も残っているのである。

【岩田　康之】

注
（1）　藤枝静正『教育実習学の基礎理論研究』，風間書房，2001年，113-120頁。
（2）　たとえば東京学芸大学では3年次に「基礎実習」（附属校，3週間），4年次に「応用実習」（協力校・母校，3-4週間程度）を置き，双方を教育系学生の要件にしている。
（3）　弘前大学教育学部「Tuesday実習」など。教員養成課程の3年生は，学期中の毎週火曜日に附属学校に赴き，実習を行う。
（4）　吉岡真佐樹・瀧本知加「地方自治体による『教師養成塾』事業の現状と問題点」『日本教師教育学会年報』第18号，2009年，48-60頁。
（5）　東京学芸大学教員養成カリキュラム開発研究センター編『東アジアの教師はどう育つか』東京学芸大学出版会，2008年，80-86頁。
（6）　船寄俊雄・無試験検定研究会『近代日本の中等教員養成に果たした私学の役割に関する歴史的研究』学文社，2005年
（7）　中央教育審議会「今後における学校教育の総合的な拡充整備のための基本的施策について（答申）」(1971/06/11)

考えてみよう
1．教育実習と，他の実習との違いはどのような点にあるだろうか。
2．教育実習を「実践研究」として実のあるものにしていくには何が必要だろうか。
3．教育実習と，他の実践的プログラムとの違いはどのような点にあるだろうか。

参考文献
遠藤孝夫・福島裕敏編『教員養成学の誕生―弘前大学教育学部の挑戦』東信堂，2007年
東京学芸大学教員養成カリキュラム開発研究センター編『東アジアの教師はどう育つか』東京学芸大学出版会，2008年

第5章　教育実習をめぐる仕組み

　教育実習は，大学の最終学年で実施される場合が多い。それは，教育実習が大学における教職課程履修の総仕上げという意味合いで考えられていることを示している。その点で，教育実習は，教師養成カリキュラムの中核に位置づけられている最重要科目であるといってよい。さらに，どのような教師をいかに育てるかということを課題とする「教師教育」という観点からみても，教育実習は養成段階にとどまらず，採用，研修の段階も含めた教師教育システム全体の核心部分に位置づく科目といってもよい。教師教育システム全体の改革が進められるなかで，この教育実習のあり方が注目されるのも当然であろう。

　現状の教育実習はさまざまな課題をかかえている。たとえば，大学のカリキュラム上の科目でありながら，実際には受入れ校に一任されている現状をどう考えればいいのか。その一方，受入れ校における指導体制は十分といえるのか。実施にあたっての運営・支援の体制はいまだ十分とはいえない。今後それをどう整備していくのか。実習校が出身校（母校）に集中している現状をどうするか。資格取得だけを目的とした実習生も少なからず見うけられる。思いきって，実習を採用試験の後に実施してはどうか，といった意見もある。また，現状の単位数と期間では，いくら工夫しても限界がある。初任者研修がある以上，大学でわざわざ実習をさせる意味があるのか。実習のそもそもの目的は何か。それにふさわしい内容はどうあるべきか，といった本質的な問題もある。このように検討課題は多々ある。もちろん，こうした諸課題は，これまでも，教師養成を担う大学，教育実習生の受入れ校，教育行政当局それぞれで認識され，その解決に向けた努力が続けられてきた。しかしながら，いまだ，その根本的な解決にはいたっていないといってよい。

本章では，こうした教育実習の現状について概観し，今後の課題について検討することを課題とする。

1 「課程認定」と教育実習

現在の教員養成が開放制を制度原則としていることは周知の通りである。戦前の小学校教師を養成した師範学校のように，教員養成を目的とした学校で，量も質も国の管理のもとで計画的に教師を養成した仕組み（閉鎖制の教員養成）をあらため，基本的には，大学であれば，どの大学でも教師を養成できる仕組みにしたのが戦後の教員養成制度である。

もちろん，どの大学でもとはいっても，大学において，免許状授与の所要資格を取得させるための課程（一般に教職課程と呼ばれている）をおく場合，各大学は，文部科学省に申請を行い，審査を経て，その認定を受けなければならない。審査内容は，カリキュラム，教員，施設等，広範囲に及ぶが，その「審査基準」には，「学生数に応じ適当な規模の教育実習校（教育実習校がない場合には，必要な契約をした代用教育実習校）が確保されていなければならない」という条件があり，審査においては，教育実習校が適切に確保されているかどうかがとくに重視されている。「審査内規」でも，教育実習校は「教員組織等が良好」であることとしたうえで，初等教育教員養成の場合（特別支援学校教員養成の場合，養護教諭養成の場合も同様）は，入学定員5人に1学級の割合で，中等教育教員養成の場合は，入学定員10人に1学級の割合で，というように具体的な基準を示して必要学級数を確保することを求めている。当然，各大学は，この基準に合致することが認可の条件となるため，事前に必要な実習校と学級数を確保し，その実習校の校長の承諾書を添えて申請し，認定を受けている。

また，申請にあたっては，「教育実習の実施計画に関する書類」も提出が求められている。実習校を事前に確保することはもとより，詳細かつ具体的な「教育実習指導計画」の作成も求めているのである。その内容も，1．教育実習の指導に関する大学および実習校の組織等，2．教育実習の受講資格，3．教育実習の内容・方法等，4．事前・事後の指導等の4項目にわたっている。こう

した指導計画が具体的でかつ充実した内容・方法をともなっているか，実習校が基準通り確保されているかどうか，といった点が，大学の教職課程認可の重要な条件とされているのである。

このように，教育実習は大学の教師養成カリキュラムのなかでも，とりわけ重要な科目のひとつとして位置づけられていることが理解できよう。しかし，実際の教育実習は，実習校の協力なしには実施できない科目であることも事実である。教育実習期間中は，大学ではなく，実習校に毎日通勤し，実習校の管理下で実施されるという点で，他の教職科目とは性格が大きく異なる。もちろん，大学の授業科目である以上，大学と実習校との十分な連絡，連携が必要であることはいうまでもない。実習期間中，大学の指導教員が巡回指導を行ったりするのもその一環である。

しかし，現実の教育実習は，必ずしも課程認定時の建前通りにはいっていない。いま，出身校（母校）実習が問題となっていることを知っているだろうか。そこでは，大学が文部科学省から課程認定を受けた時点では，実習は，本来，全員が協力校で実習することとなっているにもかかわらず，相当数の実習生は，この協力校以外の出身校で実習を行っている現状が問題とされている。その理由はいくつか考えられる。1つは，実習に参加する学生の数の多さである。現状でも，各大学が受講資格等を厳格に定め，実習に参加する学生を制限することは可能である。しかし，その運用次第では，優れた資質を有する志望者を排除してしまうおそれがある。少数の者しか資格を取得できないということになれば開放制の原則に適うのかといった問題も生じてくる。こうした点でも，実習生の絞込みは難しい。もう1つの理由は協力校の問題である。課程認定の時点では，大学の協力校として実習生を受け入れることを承諾しているとはいえ，とくに公立学校の場合，計算上の数をそのまま受け入れることは実際上困難である場合が多い。さらに，教員養成を目的としない一般大学の場合，教員養成系の大学・学部とは異なり，附属学校をもっていない大学が多いこともある。その結果，協力校以外に受入れ校を確保する必要に迫られ，やむなく出身校実習を認めているというのが実情である。もちろん，この問題はいまに始まっ

ことではない。従来からの懸案であった。いま，再び問題とされているにすぎない。

2 教育実習の概要

1 教育実習の実施形態・内容

　教育実習の実施形態・内容は，教員養成系大学・学部の場合と一般大学・学部の場合とでは，やや異なる。教員養成系大学・学部では，近年，1年次ないし2年次に「教育実地研究」といった1週間ぐらいの短期間での観察・参加を主たる内容とした科目を設定する例が多く見られるようになってきた。できるだけ早い段階で，幼稚園，小学校，特別支援学校に出向き，子どもの発達段階，学校規模，障害の有無による教育の差異について理解させ，教職をめざす上での課題と自覚を高めようとする試みである。また，教員養成系の大学・学部では，従来から，3年次で，附属学校において初等教育実習を行い，4年次には中学校・高等学校教員免許状の取得希望者に対して，中等教育実習が実施されている。一方，一般大学・学部の場合は，4年次に教育実習が行われるのが通例である。従来は中学校，高校の免許状を取得する例が多かったが，近年は，特別支援学校や小学校教員免許状など，学校種別を異にする免許状を授与する課程を有する大学も増えつつあり，3年次と4年次の各1回，あるいは4年次に2回の教育実習を実施する例もみられるようになってきたが，まだ多くはない。短期大学の場合は，卒業年次である2年次に実施されるのが通例である。

　実施時期は，おおむね，大学の学年暦でいえば前期，5月〜7月に実施されるのが通例である。7月の教員「採用」試験，あるいは卒業までの他の科目履修，教職以外の進路選択等の兼ね合いから，前期の履修を勧めている大学が多い。もちろん，本人あるいは受入れ校の都合により，後期の9月ないし10月以降に実施する例もあるが，数は多くない。

　実習期間中，大学で履修すべき科目がある場合は欠席せざるをえないが，大学によっては配慮される場合もある。しかし，教育実習が大学のカリキュラム上の科目である以上，本来的には二重履修であり，従来から問題とされてきた

経緯がある。

　教育実習は，小学校5単位（実習4単位，事前事後指導1単位），中学校5単位（実習4単位，事前・事後指導1単位），高等学校3単位（実習2単位，事前・事後指導1単位）との，教育職員免許法施行規則の定めにより，その期間は小学校は4週間，中学校は4週間，高等学校は2週間実施されるのが原則である。ただし，中学校については，1998（平成10）年の改正により，単位数が旧法の2単位2週間から倍に増えた時点で，実習生の数の多さもあって，受入れ校の大幅な負担増を招かないよう，大学設置基準の単位数計算により，実習は1単位30時間で計算すれば3週間（15日間）でも可能との判断から，3週間で実習を依頼し，実施している例が多い。中学校と高校の複数の学校種の免許状を取得する場合は，いずれかで1回の実習をすればよいが，高校で実習する場合は，中学校の単位数に相当する期間で実習しなければならない。

2　教育実習の受講要件

　教育実習は，希望すれば誰でも参加できるわけではない。多くの大学では，教育実習に参加するための条件を設定しているのが通例である。通常，①原則として大学の最終学年（4年次）に在籍していること，②教育実習を除き，大学の定める指定の科目，あるいは科目（単位）数を履修済み，ないしは履修中であること，③教育実習のオリエンテーションを含む事前指導を受講していること，などがその条件として定められている。そのほか，受入れ校の要請もあり，卒業後，教職に就くことを強く志望していることを条件としている大学も多い。もちろん，実習に参加する学年の前年度に，すでに実習校を確保していることが前提であるが，受け入れの内諾をとる時点で，教職に就く意思を確認するために，校長面接を実施している例や，実習終了後に教員選考試験の願書の写しの提出を求める例もある。免許の取得だけを目的とした安易な実習を防ぐ方策のひとつである。計画的な養成をするには閉鎖制の仕組みが望ましいところではあろうが，あえて，そうせずに開放制の制度原則を採っている現行の教師養成の仕組みのもとでは，どうしても教員免許状を取得する数が多くなる。しか

し，そうであっても，多忙ななかで後輩教師のために協力的に教育実習の場を提供している受入れ校のことを考えれば，こうした条件が設定されるのはやむをえないであろう。

3 事前・事後指導

事前・事後指導については，免許法施行規則で，大学で1単位相当の授業を実施することとされているため，各大学では，通常，「教育実習事前・事後指導」，「教育実地研究」といった名称の科目を設定して実施している。事前指導の実施時期は，実習を実施する前に設定されるため，教員養成系の大学・学部では，2年次後期から3年次前期に，一般大学の場合は4年次前期に設定されている場合が多い。内容は，教育実習に必要な理論，技術，方法の修得，態度の育成といった広範囲に及び，10－15コマ程度で実施される。教員養成系の大学・学部では，基礎的授業技術，学習指導案の作成等を中心に体系的に実施されることが多いが，一般大学の場合は，教育実習の意義と課題，準備と心構え，学習指導の実際，教師の意味と役割といった内容での直前の指導という性格が強い。一般大学では，とくに，近年は，「資格」の取得だけといった安易な実習を排するために教育実習に臨む態度を重視して実施している例が多い。事後指導は，実習の成果のまとめ，反省および授業の問題点等について実施されるが，コマ数は，2－4コマ程度が主流である。その際，次年度予定している3年次生を出席させている例もある。

4 教育実習の受入れ校

教育実習は，おおむね，4年次に実施されるが，その履修手続きが開始されるのは，実習が実施される1年前ごろが通例である。すなわち，3年次の春ぐらいの時期に，オリエンテーションが実施され，実習の手続きが開始される。教員養成系の大学・学部の場合は，3年次の附属学校での実習があるためその分だけ早い。

実習校は，大学指定の協力校か出身校かのいずれかである。中学校と高等学

校の複数の免許状を取得する場合，中学校か高等学校のいずれかで実習すれば，2つの免許状が取得できることになっており，その選択は基本的には学生の判断に委ねられる。教科については，基本的には取得する教科で実習をすることになるが，法的には，どの教科でも取得できる。

　この段階では，基本的に，実習に参加するかどうかの意思確認，ならびに，どこで実習を希望するかの確認が主である。その点で，問題となるのが，出身校で実習を希望する場合である。多くの大学では，大学の指定する協力校の場合は，大学の定める手順に従って申し込めば，手続きは大学の担当部局で進めてもらえる。しかし，自分の出身校での実習を希望する場合は，本人が大学所定の書類を持参して当該学校を訪問し，受入れを依頼し，内諾の書類をもらわなければならない。近年，この内諾を取る手続きは年々早まる傾向にある。それは，とくに高校にみられる傾向である。高等学校の場合，大学進学者の多い高校ほど，多くの実習希望者が殺到するため，受入れ枠を決め，先着順としている学校が多い。そのため，早く申し込まなければ受け入れてもらえないのではないかという不安もあって，年々早くなってきているのが実情である。大学によっては，2年次の秋から冬にかけて，学校見学も兼ねて実習を希望する学校を訪問し，依頼するという例もある。

　教育実習は，文部科学省に申請した際の実施計画書に記載した実習協力校で行うのが現行制度の本来のあり方である。しかしながら，実習希望者数の増大とともに，出身校での実習が一般化しているのが現状である。原則と実態とが大きく乖離している現在，そのあり方があらためて問題となっている。その点で，大学，受入れ校，教育委員会等の地域の関係諸機関，団体が，教育実習や介護等体験等の円滑な実施のために連絡，協議，情報交換，共同研究などを行う連絡協議会等がいっそうその重要性を増してきている。東京や京都など，各地にみられる，こうした協議会方式の教育実習運営機関の活動に学ぶ必要があろう。

5 単位認定評価

　教育実習は，大学の教職科目のひとつである。したがって，最終的な単位認定は大学において行われている。もちろん，実習校でも評価が行われ，その結果が大学に送られ，それを参考に大学で評価がなされるというのが，現行の仕組みである。評価票は，実習が開始される前に，大学から送付されるか実習生が持参することとなっている。この評価票は，各大学で作成されている場合と，大学，教育委員会，実習校等の協議機関で作成されている場合とがある。大学での評価は，実習校からの評価票をもとに，教育実習委員会といった学内の組織で審議し，評価するという大学もあるが，一般には，各大学の実習担当教員あるいは委員が，実習校からの評価票をもとに総合的に判定するといった例が多い。

　教育実習は，最終的に大学が評価するとはいえ，実習校の評価が基本となることはいうまでもない。この点で，従来から，一般に，出身校は評価が「甘」く，協力校は「辛」いといった傾向があることが指摘されている。もちろん，十分な検証が必要ではあるが，仮にそうであるとすれば，大学と受入れ校との連携により解決していく必要がある。

3 教育実習をめぐる諸問題

1 量をめぐる問題

　教育実習の「母校実習」が問題となっている。その問題のひとつは，教育実習生の数の多さである。前述のように，現行の教員養成制度は，師範学校を柱とした戦前の閉鎖制教員養成制度の反省に立って，開放制をとっている。もちろん，戦後も師範学校の流れをくむ教員養成系の大学・学部が残り，現在でも小学校教師の多くはそこから供給されている。しかし，中学校や高校の教師の多くは，一般大学出身者で占められていることも事実である。開放制をとることで，多様な学部で各種の専門的な学問を学んだ学生が，さまざまな職業のなかのひとつとして教職を選択し（教職に就くかどうかの選択も含む。教職に就くのが卒業直後か数年後かも問わない），教師資格（免許状）を取得していく今日の仕組

みは，教師以外に選択肢をもたなかった学生に比べて，視野，専門性といった面では数段に勝っているといってよい。しかし，この仕組みは，もともと教師になる意欲があまりなく，とりあえず資格だけでも取っておこうといった学生も履修できるという側面もあり，効率性という面ではロスも多い。それでもなお，閉鎖的な目的養成制度よりはメリットが大きいという考え方に立って，この開放制と呼ばれる制度原則が維持されてきたことを思い起こしたい。

　2007（平成19）年4月1日現在，認定課程を有する大学等は，4年制大学723校（国立83，公立74，私立566）中，575校（国立77，公立45，私立453）ある」。率にして79.5％の大学が認定課程をもっていることになる。ちなみに短期大学は390校中，280校（71.8％）である。同年3月の大学・短期大学卒業者は，合計65万1190人である。一方，2006年度に小・中・高等学校免許状を取得した者はのべ14万2568人であり，大学・短期大学卒業者の2割程度に相当している。しかし，この免許状取得者のうちで，実際に教職に就く者は少ない。2006年度の公立小・中・高等学校の正規採用者数は2万321人（過年度卒も含む）であり，これは同年の免許状取得者の14.2％にあたる[1]。逆に言えば，免許状取得者の85％以上は正規採用されていないことになる。これがいわゆる「ペーパーティーチャー」問題である。もちろん，「採用試験」の厳しさ（2006年度公立小学校4.6倍，中学校9.8倍，高等学校14.2倍）もあって実際に教職に就ける者は少なく，「採用試験」に，卒業後，何度も挑み続ける者がいることも事実である。しかし，ペーパーティーチャーは，従来からかなりの数に上っており，その多さが問題にされてきた。特に免許状を取得する者は，全員，教育実習に参加するということであり，資格取得だけが目的の者も含めて，教師になるつもりのない者も多数教育実習に参加して，受入れ校に負担を強いているとして問題とされてきた経緯がある。

　量の問題は，実習生の数だけではない。教科による偏りの問題もある。公立学校採用者の出身校別比率を見ると小学校・中学校・高等学校とも一般大学・学部が最も多く，それぞれ47.9％，62.0％，63.6％である。対して教員養成系大学・学部はそれぞれ43.5％，25.1％，13.6％となっている（他は短期大学，大学

院等)。近年一般大学・学部で小学校教員の認定課程を得るところが増えているものの，多くの場合取得できる免許状は中学校・高校である。その教科は，大学の学部・学科の数に比例する。人文，社会系が多い一般大学では，必然的に中学社会，高校公民・地歴，英語等が多くなる。たとえば，中学校一種社会科の免許状を取得できる大学の学部等の課程（通学課程）の数は，教員養成系45に対して一般大学・学部675（2007年度）となっている。これらのほとんどの課程では高等学校公民科・地歴科の免許が取得できる。中学校一種英語の課程は，教員養成系44に対して一般大学・学部341である。ちなみに，中学校一種数学の課程（通学課程）は，教員養成系44に対して一般大学170である。さらに，社会・英語等の科目は，採用数も少ない。そうした事情が重なって，ペーパーティーチャーが多くなる。高校の場合，進学者が多い高校ほど，こうした教科に母校実習の希望者が集中することになり，「教育実習公害」と呼ばれる現象が出現することになる。

　中央教育審議会や「教育再生会議」の議論を経て，2009（平成21）年度から免許更新制度が導入された。この制度は現職教員を対象とするものであるが，それはペーパーティーチャー対策という性格ももっている。免許状取得後，10年で効力が失われ，更新のための講習（30時間）を受けなければならないとなれば，新たに免許状を取得しようとする学生の多くは，教職に就くかどうかの選択を，大学に入学したての早い段階で迫られることになろう。その結果，教育実習に参加する学生の数も減る（？）ことを期待しての方策といってもよい。

2　質をめぐる問題

　現在，教育実習は，おおむね，小学校4週間，中学校3週間，高校2週間の期間で実施されている。この実習期間のなかで，一通り，教師としての基礎を実践的に身につけることが期待されている。効果的な実習にするために，事前・事後の指導も1単位相当で実施するように求められている。しかし，この期間で，いったい何がどこまで可能か，あらためて考える必要がある。たしかに，短いよりは長いほうがいい。それで，中学校について，免許法が改正され，期

間が1週間延びた。実習の方法の改善も進められている。しかし，それでもなお，疑問は残る。いったい，2−4週間の実習で何ができるのかという基本的な問題である。わが国の教育実習期間が国際比較的観点からみて，けっして長いものではないことは周知の事実である。ドイツでは，大学在学中に教育実習が8−12週程度行われるほかに，第1次教師国家試験の後に，約18−24カ月の試補勤務での学習が求められている。台湾では，大学卒業後，仮教師として1年間の実習が必要である。採用数が激減するなかで，つい最近，短縮されたが，それでも6カ月の実習が求められている。実践的な指導力，教師として必要な態度等，高いレベルを求めるのであれば，それだけの期間は必要であろう。もちろん，その際にはさまざまな条件整備が必要になることはいうまでもない。しかし，2−4週間の実習では，いくら努力しても限界がある。そのうえで，現在の期間で，最低限，何が必要で，何が可能かを考えるべきではあるまいか。実際，現在は，1年間の初任者研修の制度もある。そのうえ，新卒で採用される教師はわずかであり，多くは，数年の講師経験をつんでから採用されているのが現状である。そうした点で，現行の実習は，あくまでも基礎実習の段階と考えるほうが現実的であり，そのうえで，さらに効果的な実習の方策を考えることが望ましいといえよう。

3　運営をめぐる問題
(1) 実習費と「謝金」
　実習に要する費用負担については，私立大学の場合，従来から，実習生から教育実習費といった名目で一定金額を徴収している。いわゆる受益者負担の考え方に基づく措置である。その金額と内訳は各大学で異なるが，そのなかから，教育実習の受入れ校に，実習生1人あたりいくらというかたちで一定金額の実習費が支払われてきた。それは，一般に「謝金」という名称で呼ばれてきたことからも明らかなように，受入れに対するお礼という性格が強い。その金額は，各大学で異なるが，私立大学では，その多くが加盟する全国私立大学教職課程研究連絡協議会で共通理解をはかり，統一する方向で努力が続けられてきた。

国立大学の場合は，大学の経費から支出されるため，実習生の個人負担はない。そのため，一般に私立大学のほうが，国立大学より，若干金額が高い傾向にある。地域によっては，この金額を県の教育委員会が定めている事例や，大学や教育委員会，受入れ校等の協議によって定めている事例もある。

　しかし，近年，この実習費（謝金）の取り扱いをめぐって，全国的に，受入れ校がその受領を辞退する動きが広まっている。それは，公立学校，とくに高校の場合に顕著である。中学校においても，徐々に広がりをみせている。公立高校の場合，受け取っても，県にいったん納入し，のちに学校に戻されるという県もある。学校においては，学校行事に際しての心づけ等はいっさい辞退するといった例が一般化しているが，公金の管理が厳格化してきた表れであろう。実習の経費については，実習の実費という考え方も可能ではあるが，コピーを使用するにあたって，実習に使った分だけ別途計算することが困難であるように，その算定が難しい。しかし，実習費の辞退を黙認することは，結果的に実習が受入れ校の「厚意」のみで実施されることを是認することになる。実習が，受入れ校に相当の負担を強いていることは明白である以上，その費用の算定と支払いの方法を明確化する必要があろう。同時に，受入れ校の指導体制を整備するという観点からも，実習生を受け入れている学校に公的な財政的措置を講ずるといった方策も検討すべきであろう。

(2) 「母校実習」

　「母校実習」は原則として認めない，という中教審の議論が新聞報道されて以降，その波紋が広がっている。現状で，この案が実施されるとすれば，その影響がとくに大きいのは一般大学の場合である。附属学校をもっている教員養成系の大学・学部は，多少の影響は出るとしても，さほど困らないであろう。とすれば，この案は主として一般大学の現状を想定した方策という性格が強い。しかし，仮に，原則として母校実習が禁止されるとなると，実習希望者が出身校に直接依頼するという現行の方式に代わる方法が必要になる。現段階では，各大学の実習希望者数を把握し，その数に見合う実習校を確保し，配分する新たな調整機関を設置するといった案が考えられるが，すでに，こうした方式で

実施している例もなくはない。たとえば介護等体験の事例などである。しかし，それらの事例をみるかぎり，成否の鍵は都道府県の教育委員会が握っている。いまでも，担当部局，担当者の負担はかなりのものがある。これ以上の負担を強いることが可能であるのか。それとも，その役割を大学に期待しているのであろうか。いうまでもなく，「母校実習」原則廃止論は，単に，教育実習校は母校がいいか悪いかといった問題にとどまらない。それは，実習の本来的なあり方にかかわる問題である。現状の実習の期間，内容も含めて検討する必要があるといえよう。

(3) 大学と実習校の連携

実習中には，大学の担当教員が実習校を訪問し，指導教員と連絡調整を行い，研究授業等にあわせ，実習先を訪問するなどして，大学と実習校との連携をはかることが望ましいことはいうまでもない。附属学校をもつ教員養成系の大学・学部の場合は，大学と附属学校との間でかなり緊密に連絡調整がはかられているが，それ以外は，近隣の実習校に，教育実習担当の教員が訪問する程度にとどまっている。遠隔地の出身校実習の場合は，ほぼすべてが実習校に一任となっている。訪問する場合でも，研究授業を参観するといった実質的な指導まで踏み込む例はけっして多くはない。受け入れの協力に対するお礼の挨拶といった形式的な内容がほとんどである。

教育実習は大学の授業科目でありながら，実際の実習内容は実習校に一任，こうした慣行が永年続けられてきた。大学のカリキュラムである以上，どのような内容で実施するかは，大学と実習校との間で十分に協議し，そのうえで依頼する必要がある。しかし，現状では大学が責任を負えない以上，基本的には受入れ校に一任するほかない。受入れ校への遠慮もある。多忙な時間を割き，なおかつ，細かな大学側の注文を受入れてるだけの余裕，条件が現場にあるのか，といった問題もある。受入れ校でも，いかなる指導体制を組むかは，学校ごとに条件が異なる。これまで，受入れ校にはわずかの謝礼が大学から支払われてきたが，それすら辞退する動きが広がってきている。多忙な時間を割き，実習生の指導に当たる指導教員，受入れ校の負担を軽減する方策も未整備であ

る。こうした問題は，個々の大学と受入れ校のみで解決できる問題ではない。教育行政当局も加えたパートナーシップの制度的構築が喫緊の課題となっている。

4 今後の課題

　今，教育実習のあり方があらためて問われている。「母校実習」の禁止，大学の４年次後期への新たな演習科目の設置（2010年度から「教職実践演習」といった名称の必修科目が新設される），あるいは免許更新制度の導入といった政策動向は，教師の「実践的指導力」の育成を意図して進められてきた近年の教師教育政策が新たな段階に入ったことを示すものである。すでに，初任者研修制度の導入以降，法定の10年経験者研修の実施を経て，採用後の研修の仕組みはいちだんと整備が進んだ。「採用」段階においても，すでに各都道府県で改善が進められてきている。とすれば，養成段階においても，採用以後の教師教育との継続性，一貫性を求めようとするのは当然といってよい。こうしたアイディアの根底には，教師養成において大学にいっそうの責任を求めるという方略がある。すなわち，免許更新制度によってペーパーティーチャーの発生を抑制し，そのうえで，認定課程を有する大学に，母校実習の禁止策や新たな演習科目の設置によって，免許取得希望者を「精選」させようとするものといえよう。

　教育実習は，大学カリキュラムにおける教職科目のひとつであるが，他の教職科目と分離すべきといった議論もある。それは，初任者研修制度をどうとらえるかという議論ともかかわっている。いうまでもなく，初任者研修制度は，教員の体系的な研修システムの一環をなしているものであるが，養成教育の一部とみることもできる。現行の２−４週間の教育実習でも，内容次第では，「実践的指導力」の「基礎」を養成する段階の大学在学中の実習として十分と考えることもできる。初任者研修制度と教育実習との関連，その異同を明確化する必要があろう。同時に，政策レベルに議論を任せるだけでなく，早急に，あるべき教育実習について，広範な研究的討議を立ち上げる必要があろう。

教育実習の運営については，すでに全国私立大学教職課程研究連絡協議会から「地域教師教育機構」構想が提案されている。地域的には，広域のモデルとして，東京や京都の事例がある。市町村レベルでも，仙台市など，全国にいくつかの事例がある。こうした経験に学びながら，積極的に検討してみる価値はあろう。要は，大学，受入れ校，教育行政当局３者の望ましいパートナーシップのもとで，教師教育のシステムをどう築いていくか，にかかっているといえよう。

【佐藤　幹男】

注
（1）　中央教育審議会初等中等教育分科会　教員養成部会　教員免許制度ワーキンググループ議事録・配布資料　参照（文部科学省ホームページより）。
（2）　このデータは，平成19年４月１日現在のものである。最新のデータは，文部科学省ホームページ：「教育」→「教員免許・採用・人事・研修等」→「教員免許制度の概要―教員を目指す皆さんへ―」→　学生の皆さんへ　→「現在，教員免許資格を取得することのできる大学は？」→「平成21年４月１日現在の教員免許状を取得できる大学」参照。

考えてみよう
1．教師養成の仕組みには開放制と閉鎖制がある。教育実習をめぐる諸問題を手がかりにしてそれぞれのメリット，デメリットについて考えてみよう。
2．教育実習の受講資格は，教師になりたいという目的意識が明確な人だけに限定すべきだという意見がある。これについて，あなたはどう考えるか。

参考文献
藤枝静正『教育実習学の基礎理論研究』風間書房，2001年。
全国私立大学教職課程研究連絡協議会『私立大学の教師教育改革―十年の歩み　本編―』1994年６月，『同　資料編』1992年５月。

教育実習受入校から［受入側］

1　受入校での準備体制
教育実習を受け入れる高校では，教育実習担当者が次のような準備を行っている。
(1) 教科指導者とホームルーム指導者とをそれぞれ依頼する。
　実習生一人ひとりに教科の指導者とホームルームの指導者をつける。場合によっては，教科指導者にホームルーム指導を兼ねてもらうこともある。
(2) 事前打ち合わせの日程を実習生に連絡する。
　携帯電話に連絡する場合には，実習生との連絡になかなか手こずることもある。
(3) 指導講話を担当する先生方に，空き時間等を利用しての講話の日時を決めてもらう。
　指導講話の担当者とその内容は次の通りである。
　　① 教頭……教師としての心構え
　　② 教務主任……教育実習にあたって
　　③ 教務主任……学校の組織と仕事
　　④ 生徒指導主事……生徒指導について
　　⑤ 進路指導主事……進路指導について
このほかに，校長が実習生を集めて，講話をしてくれることもある。
(4)実習生が所属する教科の主任に，研究授業後の教科研究会の日程を決めてもらう。
　複数の実習生を受け入れた教科の場合は，後半の実習生の研究授業後にまとめて教科研究会を行うことになる。

2　「事前打ち合わせ」での内容
次のようなことを実習生に事前に確認し，指導している。
(1) 勤務時間は，職員と同じであること。
(2) 職員朝会には必ず出席すること。
(3) 服装は，スーツ・背広，またはこれに準ずるものとすること。
　ジャンパー，ジーンズ，ラフなシャツは不可であること。
(4) やむをえない事情で，欠勤・早退・遅刻をする場合は，指導教諭に必ず届け出ること。
(5) 生徒の前で教師を批判してはならないこと。また，生徒の教師批判に同調してはならないこと。
(6) 挨拶は全職員に対してしっかりと行うこと。また，生徒の挨拶には必ず応えること。

3 教育実習要項の作成

次のような要項を作成し，全職員に配布している．

```
                ○○○○年度    教育実習要項

  1  期間    ①  ○月○日～○月○日    3週間
            ②  ○月○日～○月○日    4週間
  2  実習生，指導者
```

期間	氏名	大学	教科	教科指導者	HR指導者
①					
①					
②					

```
  3  指導講話の日程
            （  省略  ）
  4  注意事項
            （  省略  ）
```

4 指導を担当した教師の感想から

(1)「最近は，教員採用試験を受験しないのに，教育実習にきている学生が多い」

　3週間あるいは4週間の教育実習が無事に終わるころに，「どこの県の教員採用試験を受けるのか？」と尋ねると，「大学院に進むつもりだ」とか，「公務員や一般企業をめざしているので，教員採用試験は受験しない」と答える実習生がいる．指導教師は，失望してしまう．

　教員採用試験の倍率が高くなり，採用数も少なくなってきていることが背景にあるのだろうが，単なる「資格取得」のために教育実習にきたという学生が多くなっているのも事実である．

　毎年，教科指導を受けもつ教師のなかには，「教育実習生を受け入れる場合には，教員採用試験を受験することを条件としたほうがよい」と主張する人もいる．

(2)「かつては，教育実習を経験するなかで，教師を本気でめざそうとする学生がいたものだが，近年は，あまりお目にかからない」

　たまたま教育実習に参加したのだが，その期間に，指導を受け，直接生徒たちにふれ，

授業を担当して，教師という仕事に魅力を感じ，自分の職業として現実的に意識する実習生も少なくはなかった。
　「指導してくれた先生方へのご恩返しに，ぜひ教師になりたいと思います」と実習を終えての最後の挨拶で決意表明をする実習生もいた。
　しかし，近年は，そうした意欲的な実習生は少なくなり，なかには，「先生方の苦労をはじめて知り，たいへん驚いた」とか「教師のたいへんさを知り，自分にはとても向かないと思うようになった」と話す実習生もいる。
　(3)「教育実習生を指導することで，教師をめざした初心を思い起こすことができるし，自分の教え方を再検討する機会ともなる」
　あるベテラン教師の感想である。
　教科指導を担当すると，自身の授業を見せるだけでなく，授業のやり方の工夫をアドバイスしなくてはならない。「こうしたらどうか」とか「こういうやり方もある」と教えることは，実習生に身につけてもらう技能を明確に示すことでもある。実習生が授業を見事にやりこなせるようになることは，指導者の喜びでもある。こうして，教科指導者は，あるべき授業を再構築していくのである。

【平谷　宏祐／公立高等学校】

第6章 教育実習に入る前に

　教育実習は，教職について大学で学んだあらゆる知識を実際に教師の職場である学校で実践する，いわば教員養成プロセスのなかでの到達点でもあり，また教員への第一歩でもある。その意義については，今一度本書の第4章を参照されたい。

　この教育実習において教育実習生は同時に2つの立場にある。実習校の児童・生徒にとっては「教師」であり，実習校の教師にとっては「実習生」である。

　本章では，教育実習にいたるまでにどのような準備が必要か，そして教育実習そのものの内容（概要）などを解説する。なお，執筆者の所属する大学で取得可能な免許状が中学・高校ゆえに，取り上げる事例などはそれらがもとになっていることを最初にお断りしておく。

1　教育実習の準備

　教育実習への準備の第一歩は，大学入学後の教職課程履修開始時といえよう。そして免許取得に必要な科目はもとよりおよそすべての大学での講義は，教育実習ひいては教職への道につながるものである。

　また，近年，教育実習以外に学外での研修等の機会が増えてきた。介護等体験や，任意に設定されているスクールボランティアやインターンシップなども同様といえる。

　さらに，大学でのサークル等活動は組織のなかで協調性や連帯を会得する機会ともなる。

　このように，教育実習の準備は広範囲にわたるので，教員免許状を取得しようとする学生は，日ごろのさまざまな勉強や経験が教育実習につながるものと

して意識し，大切に積み重ねていってほしい。

　さしあたり，教育実習をめざす学生諸君には，ノートを2冊用意することをお勧めしたい。1冊は教科指導用の覚書を，もう1冊は教育実習をはじめ教員免許取得までの各種ガイダンスや実習校訪問に必要なさまざまな事柄を記録するものとして使うといいだろう[1]。それらが文字で埋め尽くされたとき，教育職員免許状を手にしている自分を想像しながら記録してほしい。

2　事前指導と実習校とのコンタクト——実習にいたるまで

　さて，大学で行われる教育実習のいわゆる「事前指導」には，いろいろな内容が含まれる。たとえば，「教育実習とは何か」「教育実習の準備と心得」「教育実習の展開」「学習指導案の作成」「学習指導の実践的技術」「生活指導の諸問題」などである[2]。これらは本書の別の章で詳細に扱われるものも多く含まれている。

　そこで，まず，教育実習に直結する事項—実習校訪問や教育実習に直接かかわる指導・ガイダンスなどを最初に示すことにする。その概略を，ある4年制の私立大学の教職課程の実践を例示する[3]。

実習前々年度（2年次）
　① 実習内諾に向けたガイダンス
　　実習校宛てに，ご挨拶状を書くなど。
実習前年度（3年次）
　② 実習内諾についてのガイダンス
　　実習校に来年度の実習内諾のお願いのために訪問する際の注意事項，必要書類の記入方法など。
　③ 実習（予定）校への訪問
　　実習の内諾を得るため，必要書類を持参し実習（予定）校にお願いに行く。
　④ 教職準備研修会
　　学外から講師を招き，教師としての心構えや経験を話してもらう。
　　教育実習をすでに終えた4年次生に，経験を話してもらう。

実習に向けた授業案作成や模擬授業，教員採用検査を視野に入れた勉強会をする。

レクリエーションを通じて，協調性を学ぶ。

⑤ 実習校（内諾後）への訪問

来年度の実習にあたり，挨拶に行く。この際，校長，教頭，教務部長，教科主任の先生に個別に挨拶をする。あわせて校内の様子をよく見学してくる。

実習年度（4年次）

⑥ 教育実習直前ガイダンス

教育実習生としての心構え，直前の準備，オリエンテーション（実習校開催）に際して心構え，実習の大まかな流れ，大学への提出レポートについて指導を受ける。教育実習日誌が配布される。

⑦ 実習校への事前訪問（実習1カ月前）

以下の諸点について確認する。

・指導教諭名（教科・学級それぞれ。ただし同一の場合もある）
・担当学年，担当教科・科目，担当範囲
・使用教科書・副教材など教材の入手方法
・実習に必要な所持品

⑧ 実習校によるオリエンテーションなど（前日～1週間前）

実習校訪問の際には

・連絡…事前に必ず電話で連絡のうえアポイントをとろう。
・持ち物…上靴（スリッパは避ける），筆記用具，必要関係書類。
・服装…さわやかでつつましく，装身具や化粧も控えめにしよう。
・ヘアスタイル…清楚なものとし，不快な印象を与えないようにしよう。
・挨拶や言葉遣い…自己紹介（氏名および大学名および訪問した目的）を告げたうえで，社会常識をもつ者として振る舞おう。
・学校のなかを許可をえて見学させてもらおう。とくに，使用できる視聴覚器具・教材・教室など，授業計画に必要な情報を収集しよう。

学校の日課表，勤務表，実習日程表をいただき，勤務全体について実習校にて説明をうける。学校要覧や教育計画が配布される。
⑨ 実習訪問担当大学教員による直前個別面談・指導
最終的な重要事項の確認や，実習校訪問の日程の打ち合わせを行う。
そして，教育実習本番へと突入する。

3 教育実習の内容

教育実習は教師の仕事を実際に経験する場となる。しかし一口に教師の仕事といっても多種多様である。授業のほかに，学級活動等のさまざまな仕事や，各種行事の指導，部活動，その他の校務などがあげられる。
その場面（「領域」）と取り組み方（「形態」）について，以下に示す。

1 「領域」——教育課程・その他学校運営

教育実習の対象となる場面を「領域」と呼ぶ。教師の仕事の詳細については本書の各章で解説されるゆえ，ここでは教育実習に関連する範囲で，「教育課程」と「その他学校運営」について，その「領域」のいくつか例示する。

(1) 教育課程の領域

学校教育の「教育課程」は，学校教育法施行規則（小学校：第24条，中学校：第53条①，高校：第57条）に定められており，各教科の授業，道徳の時間や特別活動，そして総合的な学習の時間により構成されている。

特別活動は多岐にわたる。学級活動（小・中学校）・ホームルーム活動（高校，以下適宜「HR」と略記），児童・生徒会活動，クラブ活動（小学校），学校行事（儀式的，学芸的，健康安全・体育的，遠足（小学校）・旅行（中・高）・集団宿泊的，勤労生産・奉仕的な各行事）が含まれる(4)。学級・ホームルーム活動（以下，HR（学活）と略記）には，特に日常的な生活行動，学習の指導やカウンセリング，進路指導，給食指導など(5)が含まれる。

教育実習生は，可能なかぎりこれらの教育課程の領域について取り組むことになる。

(2)その他の学校運営の領域

学校を運営するために，校長，教頭を中心に，教職員集団はいくつかの校務分掌に分かれて仕事にあたる。教務，学年，学科，保健，事務，生徒指導，進路指導などのそれぞれの分掌に主任が配置され，校務にあたる[6]。そのもとに，学級担任や教科担任の仕事にあたる。ほかに，部活動の指導や，父母や地域との連絡・交流，学校評議会，など，年々その業務は増加している。

教育実習生は，これら教職員集団としての学校運営のうち，直接児童・生徒と接触する場面以外は，通常は担当しない。ただし，「校務分掌」については，校長・教頭をはじめ，各分掌の仕事内容について主任等による講話が用意され，そこから学ぶことができる。

2 「形態」——「観察」，「参加」，「実習」

教育実習への各場面への取り組み方を「形態」と呼び，一般に「観察」，「参加」，「実習」と区別される。大まかに区別すると，観察は見学を，参加は補助的・部分的な指導を，実習は全面的指導を意味する。またこのほかに，前述した校務分掌などについての「講話」が用意されている。

概ね　観察→参加→実習　の順に取り組みはじめていく。

なお，これらの用語の使い方について若干解説しておく。

・観察と参加については，両者を分類しにくい場合もある。
・「観察」のうち授業の観察を「授業参観」と呼ぶ場合もある。
・教育実習のことを一般に「実習」と呼ぶ場合があるが，「形態」のひとつ「実習」と併用される場合がある。文脈からどちらをさすのかよく吟味する必要がある。

3　教育実習の内容——領域と形態をもとに

次の表6.1は，領域と形態をもとに，具体的な教育実習内容のいくつかを示したものである。

なお，この表は概要としてとらえてほしい。実際はより具体的かつ詳細な内

容をもつ。たとえば,「教科」の「参加」内容としては出欠確認担当,「特別活動」の「参加」としてはクラブ活動の道具の準備と後始末や一部分の指導, などがある。

また, 横軸の「観察」「参加」「実習」のほかに「講話」を別枠で設ける(たとえば「研修」)必要も考えられるが, 講話は「校務分掌」に限られる場合が多いので,「観察」に加えた。各「内容」によって別の枠に入れた方がよいと思われるものもあるだろう。

表6.1 教育実習の内容 (概略)

領域＼形態	観　察	参　加	実　習
教科 総合的な学習の時間 道徳 (小・中)	授業見学 (=「授業参観」)	補助 (資料配布, 機材配置, 話し合あいでのアシスタントなど)	授業実習 研究授業
特別活動	SHR・LHRの見学 生徒会活動見学 生徒指導見学 学校行事見学	SHR・LHRの補助 クラブ活動準備・監督補助 生徒指導の準備・計画 学校行事 (学校祭・体育大会など) の準備・補助	SHR・LHR担当 学校行事指導
校務分掌	校長・教頭はじめ主任教員等による講話 朝の職員打ち合わせ出席		

注：表中の"SHR"とは朝や帰りのHR (学活) をさし,"LHR"とは授業時間を用いてのHR (学活) のことをさすものとする。

4　観察, 参加の一例

(1) 観察について

観察の対象は教科指導やそのほかの特別活動などである。観察にあたっては「着眼点」を設定するとよい。

教科指導　どう観察するかは自分がめざすよりよい授業のあり方 (課題) とかかわる。個々の授業から参考となるところを読み取り, 自分なりの取り入れ方

を考えながら観察することが重要である。

授業の観察の着眼点をいくつか例示する。

・授業の構成（一例：導入・展開・まとめ）
・授業のテーマ
・解説の内容
・プリントの作成方法
・子どもたちの作業のさせ方
・子どもたちの興味をひく工夫
・発問の内容および方法（タイミングなど）

観察の記録：一例　（教科指導）　教育実習日誌より

　　領域：英語
　　単元教材名：英語演習・長文読解
　　着眼点　授業の流れと受験教育のコツをさぐる。
　　　導入部の最初の5分で，今日の授業の重要な要素を予告し，生徒の興味をひきつけていました。
　　　授業は，生徒が予習してきているので，教科書の解説を基本とした授業でした。解説は英単語の正しい読解と入試でのポイントの解説で，受験を意識したものになっていました。
　　　板書がとても早く相当な量を書いているのに早いとは感じず文章読解がスムーズになっています。また，字だけじゃなく，映像で頭に入れると分かりやすいと言っていたとおり，アクションで文章を理解する場面がありました。
　　　これらのことを日本史に生かしていきたいと感じました。

特別活動など　自分が学級担任や行事の担当になったときにどのように取り組むかを考えながら観察するとよいだろう。特別活動は多種多様である。よって，個々の活動の特質をふまえたうえで観察する必要がある。

共通する着眼点として，次のものを例示しておく。

・子どもたちを組織する内容・方法
・子どもたちとのコミュニケーションのとり方
・子どもたちの学習もしくは成長のために役立つ方法

観察の記録：一例（特別活動）　教育実習日誌より
　　領域：学活
　　単元教材名：期末テストに向けての学習計画づくり
　　　着眼点：どのような授業展開になっているか。
　① 導入として，自分自身が勉強するときの生活時間の割り振りを思い出させる。次に，9教科すべてを勉強するには，どのくらい時間が必要か考えさせる。
　② 先生が作成したプリント（勉強計画書―テストまでの1日の生活時間と勉強内容の計画欄設定）を配布し，自分の生活パターンを書き，勉強時間の計画を立てさせていた。

(2) 参加について

　主に教科・学級担任の指導教諭の授業になんらかのかたちでかかわらせていただくケースが多い。たとえば資料作成や資料配布，グループでの話し合いのアシスタントなどがそれである。

　参加については，授業実習の記録に準じるかたちで，「学習内容」「実習生の参加の内容」「生徒の反応」などを適宜記録するとよい。

観察・参加の際には

観察
・事前に，みせていただく担当者（授業担当者―教諭や教育実習生，部活担当指導者）に了解をえよう。
・授業は1時間でひとまとまりのいわば作品である。遅刻・途中退席は避けよう。
・自分の教科・科目だけではなく，多様な教科科目・特別活動等を観察しよう。
・観察の際に生じた疑問や質問は，終了後にお礼や感想を述べる際に担当者にたずねよう。

参加
・指導教諭からよく指導をうけ，自分の担当内容を把握し，授業の流れを妨げないように注意しよう。あわせて生徒の反応をよく観察しよう。

4　教育実習日誌を記録する意義

　教育実習の内容は教育実習日誌に毎日記入し，担当教諭が目を通しコメント

を付す。構成内容は，「実習校の現況」「予定・実施表」「観察・参加および実習の時間表」「オリエンテーション」「日誌」（1日ごとの記録）「観察・参加の記録」「授業実習の記録」「研究授業の記録」「教育実習の感想」「実習終了検印欄」などである[7]。

学んだことの記録は，自分の活動や意識を客観化し，自身の課題を明確にすることができる。そして指導教諭からのコメントは文字での指導ともなる。さらには，後日それをひもとき課題の再確認もできる。

教育実習日誌は，実習終了後，校長，教科主任，教科・学級指導教諭らの印鑑とコメント記入を経て，実習校から大学に送られる。その後，実習校で記入された「教育実習評価票」とともに，教育実習の評価材料となる。

教育実習日誌記入の際には
・内容は具体的かつわかりやすく記入しよう。
・別のノート（本章冒頭で述べた）に随時各時間ごとに記録（観察・参加・実習の内容など）し，放課後や空き時間にその記録を整理して記入しよう。
・ペンで記入しよう（鉛筆で下書きすると修正が少なくてすむ）。
・誤字・脱字がないように国語辞典などでよく調べよう。

5 教育実習の流れ

次に，教育実習日誌の記述を適宜用いながら，教育実習の様子を示していく。

1 教育実習の一日

基本的な1日のサイクルは次のようである（図6.1参照）。
前夜：持ち物の準備・確認，服装の準備
出勤：朝の職員打ち合わせ。
　　　　担当クラスへのアナウンス事項などが報告される。
朝のSHR（学活）：出欠の確認，諸連絡（とくに朝の打ち合わせでアナウンスされた事項）
授業：教諭や教育実習生の授業を観察，指導教諭の授業に参加，授業実習，

およびその準備のための教材研究（指導教諭からの指導を含む）等
帰りのSHR（学活）：児童・生徒の確認，諸連絡，掃除担当の確認
放課後：担当クラスの掃除指導，部活動，教育実習日誌の記入，教材研究，
　　　　日誌提出，指導教諭への各種報告等
退勤：学校ごとに決められている定刻以降に退勤

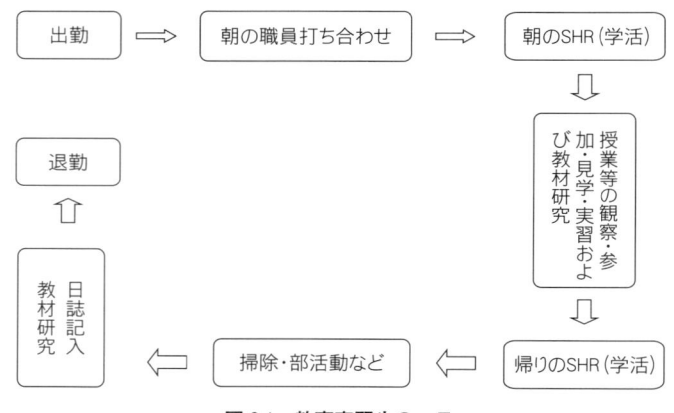

図6.1　教育実習生の一日

　出勤時間は8時前後である。よって起床時間が早くなる。日中は，打ち合わせから始まり実に多忙な時間を送る（図6.1参照）。一日の終わりの実習日誌の記入（詳細は後述する）は原則的に当日中に行い，教科あるいは学級指導教諭に提出する。よってそれまでは退勤できない。また教材研究の資料などを実習校から借りている場合は実習校内で使用したほうが望ましい。教材研究も実習校で夜遅くまで取り組むことになる。また，その後退勤して自宅に戻っても，教材研究は深夜まで続くことが多い。

　大学生にとって早朝の起床は慣れないばかりか，多忙な業務ゆえ睡眠不足が続き，体力的に（そして精神的にも）過酷な数週間を送ることになる。実習開始1カ月くらい前から，起床時間を早めにし，基礎体力を養うようにしておくこと，また，実習中はそれ以外の活動（アルバイトなど）を一切休止し，実習に集中することが肝心である。

教育実習中の心がけ
・時間は厳守しよう（例：出勤は遅くとも勤務開始15分前までに）。
・服装はスーツまたはそれに準じるものを着用しよう。
・規則正しい生活を送ろう。
・さまざまな場面で，先生や子どもたちに挨拶しよう（出勤，退勤など）。
・不明な点は，必ず教科担任・学級担任に相談しよう。誤った判断は子どもたちに不利益となる。
・忘れ物をしないようにしよう。
・先生たちには新人かつ社会人として振る舞うことを心がけよう。
・子どもたちには教師として振る舞おう。
・欠勤は極力避けよう。もしやむをえず欠勤または遅刻する場合には，必ず実習校に連絡し，あわせて大学にも連絡しよう。
・定刻前の退勤は避けよう，やむをえぬ場合は許可をえよう。
・体調を崩さぬよう，健康管理を念入りにしよう。
・教育実習生どうしで模擬授業をしてみよう。

2　実習の流れ

　教育実習の日数は取得予定免許（学校種）により異なっている。そのうち，主に3週間実習を例に，週ごとの時間表や日誌の記録を一例に示しながら，実習の内容を時期ごとにみていく。

　[1週目]

　最初の1週間は，講話による校務分掌の解説や，授業やHRおよび部活動（クラブ活動）などの「観察」や「参加」が中心となる（表6.2参照）。

　とくに，観察する対象は，教科指導教諭の授業を中心にしつつ，ほかの教科や総合的な学習の時間などを選択すると，教科を超えた教授法を考える機会となるだろう。また，自分が担任する学級を中心にすることで，クラスの雰囲気や生徒それぞれの様子をみることができる。

　[初日]

　次に，実習初日の1日の流れを示す。なお，日誌にはほかに日にち・天候・検印・指導教諭指導欄があるが，ここでは割愛する。

表 6.2　1 週目の「時間表」

	月	火	水	木	金
1 年組 形態	講話 校長 研修	基礎選択 2 年生 観察	社会 2 年 3 組 観察	学力試験	中体連 試合観戦 （観察）
2 年組 形態	講話 教頭 研修	数学 2 年 3 組 観察	講話 保健体育部 研修		
3 年組 形態	社会 3 年 2 組 観察	英語 2 年 3 組 観察	講話 教頭先生 研修		
4 年組 形態	総合 2 年 2・3 組 観察	音楽 2 年 3 組 観察	総合 2 年生 観察		
5 年組 形態	社会 3 年 3 組 観察		壮行会 全学年 観察		
6 年組 形態		学活 2 年 3 組 観察			

注：空欄は，教材研究など．表中の「研修」は表 6.1 中の「校務分掌」の「観察」にあたる．

　初日は，朝の職員会議で，続いて学級指導教諭の担当クラスの朝の SHR（学活）で，それぞれ紹介される．そのあと講話が用意されていることが多い（表 6.3）．参考までに，初日に講話が集中した例も示す（表 6.4）．

　2 日目以降は，教育実習生の標準的な一日（図 6.1 参照）が始まる．朝の職員打ち合わせから始まり，朝の SHR（学活）では学級指導教諭に代わって出欠確認や諸連絡を行い，そのあと授業参観や参加，および教材研究，そして放課後には帰りの SHR（学活）の担当および清掃，部活動，日誌記入と続く．

[2 週目]

　2 週目には，実習（とくに授業実習）が始まる．本来ならば，授業実習とは，実習生の責任において授業案を作成し授業を行うことをさす．しかしたいていの場合，はじめのうちは，教科指導教諭の指導のもとに授業案を作成したうえ

表6.3　初日の「日誌」（その1）

始業前	職員朝会で紹介（実習生挨拶），打ち合わせ
H・R	学級で自己紹介，夏休み作品受賞者発表
1時間目	校長先生講話（学校のしくみ，求められる教師像）
2時間目	教頭先生講話（教育課程，学校運営）
3時間目	授業参観（3年2組　公民）
4時間目	研修（校務分掌…教務○△先生）
5時間目	授業参観（3年3組　公民）
H・R	本日の反省，学校祭合唱練習について
放課後	清掃，生徒との談話，日誌記入

〈感想・反省〉

初日だということもあり，私だけでなく，生徒も緊張していたように感じました。それでも，廊下ですれ違うたびに，生徒の方から「こんにちは」と声をかけてくれて，とても嬉しくなりました。2クラスの授業を参観させていただきましたが，思っていたよりも，生徒が意欲的に取り組んでいたので，私が在学中との違いを感じました。生徒を引きつける指導法を私も身につけていきたいです。

表6.4　初日の「日誌」（その2）

1時間目	校長先生による講話（教員の資質についてなど）
2時間目	教頭先生による講話（指導主事，採用検査の心構えなど）
3時間目	総務部長，生徒指導部長による講話（仕事，役割について）
4時間目	情報部長による講話（総合的な学習の時間について）
5時間目	教務部長による講話（総合的な学習の時間について
6時間目	生徒総会（参加）
7時間目	LHR（自己紹介）
H・R	連絡事項（資格検定についてなど）
放課後	部活動，掃除

で授業を行うことが多く，授業後は指導を受ける。

　この週になると教育実習の一日にも慣れてくる一方で，生徒とのコミュニケーションの方法や授業実習のあり方など新たな課題を見いだすことになり，反

省点も増えてくる。

授業実習が始まった2週目初日の日誌を示す（表6.5）。

表6.5　2週目初日の「日誌」

始業前	職員打ち合わせ
H・R	連絡：昼休み・放課後「学校祭」責任者会議
1時間目	新人戦報告会
2時間目	授業実習（2年3組　歴史）
3時間目	授業参観（2年1組　歴史）
4時間目	研修（校務分掌：生徒指導部△□先生）
5時間目	授業参観（2年3組　国語）
6時間目	授業参加（2年3組　総合）
H・R	本日の反省，明日の連絡（時間割変更）
放課後	清掃，部活動，日誌記入

〈感想・反省〉

　　初めての授業実習でしたが，緊張しすぎて何がなんだかわからなくなってしまいました。説明も，話があちこちとんでしまって，生徒の表情も固いままでした。私自身，授業を楽しむ余裕がなかったので，それでは生徒も楽しいはずはないな，と反省しました。更に，教材研究も不足していたな，と感じました。

　1日を通した課題や反省点は，この日誌のように，逐一教育実習日誌に記入し，指導教諭により日誌上でも指導を受ける。

　教育実習日誌には「授業実習の記録」記載ページがある。学習指導案や指導計画（第7章参照）のほかに，反省および指導を受けた内容を書く部分がある。そこに，自己反省とともに，教科指導教諭らから受けた指導を記録し，そのつど自らの課題を把握しながら次回に生かそう。

反省および指導を受けた内容：一例

　　　自己反省…緊張と焦りから，説明が飛び飛びになりわかりにくくなった。準備不足のせいか，説明につまった。

　　　指導……重要な点は強調した方がよい。

　　　　　・1時間1具体物があるとよい。

・指示は丁寧で具体的なものに。(他，授業の内容について　略)

[3週目]

仕上げの週である。これまでと大きく異なるのは，授業実習のまとめあるいは成果発表の場ともいえる「研究授業」を行うことである。

研究授業(その内容の準備については第7章参照)は，実施時間・クラスなどが朝の打ち合わせなどで全教員に案内される。学習指導案，教科書該当ページ，そのほか使用教材(作成プリント等)などを添付して印刷し，参観者に配布する用意をする。これらは朝の教員打ち合わせ時に全教員の机に事前配布しておく場合もある。

教科指導教諭以外の教諭の参観もうる場合が多く，終了後には，研究授業の講評会などが開かれ，授見学者からの意見・感想をうかがう機会となる。

なお，大学からの訪問がある場合，研究授業の日程をあらかじめ大学担当教員に連絡しておく必要がある。この点は，大学での直前個別面談のときに打ち合わせておこう。

参考までに，研究授業当日の「日誌」における「感想・反省」欄に書かれた内容の一例を示す。

〈感想・反省〉

研究授業が終わり，ほっとしました。でも，授業の内容は満足できるものではなかったので，この反省を今後に活かしていきたいです。わたしの授業のために，協力してくれた3組の生徒にはとても申し訳ない気持ちです。普段の授業よりも時間をかけて，準備をしたはずなのに，今，自分にできる精一杯はこの程度なのかと思うと，悔しい限りです。

(補足：割愛した「指導教諭指導欄」には，懸命に取り組んでいるこの教育実習生を励まし，わかりやすく立派な授業に見えたことが書かれていた。)

さて，教育実習日誌には，授業実習の指導の記録があるように，研究授業の記録が設定されている場合もある。授業案のほかに，自己の反省と教科指導教諭をはじめ他の教諭から指摘を受けた内容を記録しておくと，教育実習の総まとめとして自己の課題が明確になる。

研究授業の記録を例示する。

研究授業の記録（中学・社会）

〈自己反省〉
- 導入で，参勤交代の絵を表示した。生徒は興味を示してくれたので，それは良かったのだが，それをもっとふくらませて，引き付ければ良かった。費用がどれくらいかかったとか，具体的に，何日くらいかかっただとかにはふれなかったので，そこを示しても良かったと思う。
- 時間ばかりが気になり，気持ちが焦り，少々早口になっていたように思う。
- 後半は，発問も減り，時間内に終わらせようと更に焦り，一方的な説明ばかりになっていた。そのせいもあり，眠そうにしている生徒もいた。

〈評価〉
- 導入は引き付けられてよい，しかし，もっと膨らませた方が面白くなる。課題に迫ることが出来ると良い。
- 指導案を見て，生徒がどのような活動をするのか見えてこない。指導案はそれを見ると活動がわかるようなものにする。板書計画も添付する。
- 生徒に考えさせるために発問をしても，"イエス，ノー"の形式では，深く考えることにはならない。更に，考えさせるといっても，そのよりどころがなければ考えられない。
- もっと生徒に考えさせる場面を作っても良い，提示した資料から，それは何なのかを予想させたり，課題の答えを自分でまとめさせて見る。自分で考え，そして自分の言葉でまとめることが不得意な生徒が多いため，そういった活動が重要となる。

[最終日]

最終日は，名実ともに教育実習の総仕上げである。その一例を示しながらそ

最終日に際して

- 指導教諭らからお借りした資料などを整理して，返却しよう。
- 帰りのSHR（学活）（あるいはお別れ会）での挨拶を準備しよう。
- 最後に子どもたちからの色紙や記念品が手渡される場合もあるが，教員になってから教育実習時の初心を忘れぬためにも大切に保管したい。
- 学校による関係教職員が参加しての反省会などが開かれる場合も多い。実習全体の講評・感想をいただくことが多いので，心して出席すること。また，御礼や感想など，簡潔に伝えることができるように用意しておこう。
- 自分の持ち物は上靴も含めて忘れずに持ち帰ろう。

表 6.6　最終日の日誌

始業前	合唱練習，職員打ち合わせ
H・R	連絡：4時間目合唱交流会，バザーのお金徴収
1時間目	資料整理
2時間目	授業参観（2年3組　理科）
3時間目	授業参観（2年3組　数学）
4時間目	合唱交流会
5時間目	授業参加（2年3組　学校祭活動）
6時間目	授業参加（2年3組　学校祭活動）
H・R	本日の反省，来週の時間割の確認　お別れ会
放課後	清掃，学校祭活動，部活動，日誌記入

〈感想・反省〉
3週間，本当にあっという間でした。もっと色々なことができたのではないかという気もします。それに，もっと何かしてあげたかったなとも思います。後悔もありますが，今後の課題ははっきりとわかったので，得るものも多い，良い教育実習だったと思います。最後に，色紙もいただき本当に感謝しました。3週間ありがとうございました。

の重要さを伝えたい。

　教育実習にのぞむには，際限なく積み重ねられる勉強・検討・努力が必要である。そしてそれは，実習前も，最中も，その後も，同様である。「備えあれば憂いなし」ではなく，どんなに事前に「備え」をしても実習中には「憂う」ことがたくさん生じるのが常である。だからこそ，準備には余念なくとりかかってほしい。
　　　　　　　　　　　　　　　　　　　　　　　　　　　【前田　輪音】

注
（1）　北海道私立大学・短期大学教職課程研究連絡協議会編『教育実習の手引き』学術図書出版，1981年初版・2006年第5版，9ページ．
（2）　たとえば，池田稔・酒井豊他編著『教育実習総説』学文社，1994年初版・2005年第2版第3刷，14-16ページ．
　　　しかし，事前指導の内容および方法については大学ごとに模索している状態である

ことが，藤枝静正の行った調査によって垣間見ることができる。藤枝静正『教育実習学の基礎理論研究』（風間書房，2001年）を参照のこと。
（3）　北海学園大学教職課程委員会発行『教職課程履修の手引き・講義概要』(2006年度) から，教育実習についての教育実習についての各種ガイダンスや，「教職準備研修会」を取り上げた。
（4）　学習指導要領（小学校・中学校・高等学校）の「特別活動」を参照。
（5）　鈴木秀一「特別活動」大槻健，鈴木秀一他編『現代教育学事典』労働旬報社，1988年，579ページ。
（6）　詳しくは，学校教育法施行規則　第2～4章を参照。
（7）　北海道私立大学・短期大学教職課程研究連絡協議会編『教育実習日誌』学術図書出版，1995年初版・2006年第2版の構成を取り上げた。

考えてみよう
1．教育実習中の自分独自の達成課題を設定してみよう。
2．教育実習中にあなたにとって想定外のことが起きた場合は，誰に相談するか。
3．担当学級の児童・生徒に携帯のメールアドレスを聞かれた場合は，どう対処するか。

参考文献
『教育実習－教育実地研究』（教職課程講座第8巻）ぎょうせい，1990年。
日本教師教育学会編『講座　教師教育学Ⅱ　教師をめざす』学文社，2002年。
柴田義松・木内剛編著『教育実習ハンドブック』学文社，2004年。

第7章 教科教育

本章では，教科教育の原理と方法について述べたい。最初に，授業のプランである学習指導案の構成にふれ，それの主な項目との関連から，教材研究と1時間の授業の構成を述べたい。続いて，授業における教師のはたらきかけと授業の観察と評価について解説をしたい。

1 学習指導案

教育実習で授業を行う場合，事前に授業のプランを指導教諭に提出して指導を受けるのが一般的である。この授業プランを学習指導案（授業案）という。指導案に定まった形式はないが，131～133ページの例で示す通り，表7.1の各項目で構成されることが多い。

1から4は単元（教材）の項目である。単元とは「明治維新」や「酸と塩基」など，5回や10回の授業で扱われるひとまとまりの内容のことであり，おおよそ教科書の1章分に当たる（以下，慣用に従って，単元と教材をほぼ同義の用語として用いる）。実習生は，指導教諭の判断に基づいてある単元を担当することになるが，その単元を取り上げた理由については実習生自身が考える必要がある。それを書くのが「2．教材について」の欄である。そして単元全体を通して生徒が到達すべき目標を「3．教材の目標」の欄に書く。続く

表7.1

学習指導案の項目
1．単元名・教材名
2．教材について
　(1)教材観
　(2)生徒の実態
3．教材の目標
4．学習計画
5．本時の指導計画
　(1)本時の目標
　(2)本時の展開
6．本時の評価計画

表7.2

「正の数，負の数」の学習計画（例）
　正の数，負の数　1時間
　正の数，負の数の加法・減法　3時間
　正の数，負の数の乗法・除法　4時間（本時5/8）

「4．学習計画」では，単元全体の配当時間数を示したうえで，対象とする授業が単元全体のどこに位置するのかを記述する。132ページの例では授業時間ごとに内容を示しているが，表7.2のように，単元を構成する小単元ごとに内容と配当時間を書くこともある。

5と6は今回対象とする1回分の授業（本時）の項目である。「5(1)本時の目標」は，単元の目標を達成するための小目標として本時で到達すべき目標を書く。そして，45分や50分で編成される本時の展開過程を書くのが「5(2)本時の展開」である。「6．本時の評価計画」では，「本時の目標」と対比させて授業の到達度を評価する視点を書く。

以下，「2．教材について」に関しては2教材研究の節で，「5(2)本時の展開」に関しては3 1時間の授業の構成の節でさらに述べたい。なお，とくに番号は付さないが，以後「本時の目標」は学習指導案における「5(1)本時の目標」をさすこととする。

2 教材研究

高校の世界史の授業でアヘン戦争を学んだ実習生は，アヘン戦争を教えることができるだろうか。一見すると，高校時代の教師の振る舞いを思い出しながら教科書とノートの内容を説明していけば，授業ができると思われるかもしれない。しかし，授業では想定を超えたことが起こる。中国の地理に詳しい生徒がいたとしよう。「イギリスが長江など非常に長い川を遡って中国奥部の主要都市まで攻め入ることは，容易でなかったに違いない。それもかかわらず，アヘン戦争でそれが可能だったのはなぜか。」——このような疑問を，その生徒がいだいたとしたらどうだろう。アヘン戦争の結果を左右した軍事技術の発展について高校時代に学んでいない実習生は，その生徒の疑問を授業に取り上げることができない。生徒のいだいた素朴な疑問は，政治史や経済史に傾斜していた世界史の授業に，技術史の側面を加える絶好の機会であったが，その機会は失われてしまうのである。つまり生徒の素朴な疑問やアイディアを授業のなかでいかすためには，教師は，授業で語る事柄だけではなく，その事柄の背景や

周辺についても知っていることが必要となる。ここで，授業で扱う内容の背景や周辺を調べることを教材研究と呼ぶ。以下では教材研究の方法を，授業で扱う内容を学問的・文化的な視点から深めること，カリキュラムの視点から深めること，生徒の視点から深めることの3点から述べたい。

1　学問的・文化的な視点

　教材研究の第1の方法は，授業で扱う内容を学問的・文化的な視点から深めることである。教科書にそって授業を行う際も，教科書の文言を繰り返すだけでは，生徒の満足する授業はできない。教科書の内容のうち，ある部分はより専門的な知識を交えて詳しく解説する必要があるだろうし，ある部分は例などを加えてかみ砕いて説明する必要が出るだろう。細かい内容に立ち入らずに，軽くふれる程度にすべき箇所もあるかもしれない。教科書に資料が引用されている場合，資料の原典にあたって，引用箇所がおかれている文脈を把握しておくことも求められる。要するに私たちが手にする教科書はあくまで生徒用の教科書だということである。

　それでは，どのような本を読んだらよいのだろうか。社会科の場合，『日本の歴史』（中公文庫）など，専門家の書いた一般向けの文庫・新書が手に入りやすく，そこから大学の教科書や研究者向けの専門書に手を伸ばすとよい。国語科の場合，教科書の文章の出典を当たり，並行して，文章の筆者・作家，作品の研究書，国語教師を対象とする教材論・授業論の本に進む。数学科で連立一次方程式を扱う場合は，大学の教科書で一般の多元連立方程式の理論を確認する必要があり，方程式の発生の歴史（数学史）も参照したい。なお専門書を通して学んだ事柄を実際の授業で語る必要はない。専門書で得た知識は，生徒から質問がきたとき，あるいは，授業の主題について少し敷衍したいときにふれる程度で十分である。これは，大学の授業で得た知識についても同様である。

　教科書を超えて教養を深めることとともに忘れてならないのは，教科書の熟読である。使用する教科書だけでなく，ほかの会社の教科書にも目を通しておきたい。教科書に書かれていることは何で，書かれていないことは何か。同じ

ことが書かれているとしても，その扱われ方に違いはないか。これらを検討するのである。新出の単語・熟語・漢字・用語（人名，科学的概念ほか）が現れた際には，事前に辞書や用語集でその単語などの背景を調べておく。単語の意味や用語の定義はもちろん，使われ方，別の単語との違いなどを確認するためである。加えて英語科の場合，新出単語として return が出てきた際に，re- で始まる単語をほかにも調べるなど，語源的な検討を加えたり，be interested in... が出てきた際には，be lost in... など，同種のかたちをもつ熟語についても調べたりする。重要な文法が出てきた場合には，それを用いた文をいくつか考えておく必要もある。また数学の授業である問題を取り上げる場合，問題の解き方を1つ考えておくだけでは心許ない。取り上げる問題について，教科書が想定した解法以外に問題を解く方法はないか，問題の条件を一部変えて，もとの問題よりも難しい問題や簡単な問題をつくることはできないかといった点を追究しておこう。既存の教科書を徹底的に研究することは，教科書から離れて自分なりの問い，自分なりの教材を開発するための第一歩である。

2　カリキュラムの視点

　生徒は，授業を受ける以前から，授業の内容に関してすでになんらかの知識を得ており，その事柄について今度どのように学んでいくのかという見通しを多少でももっている。したがって授業での教師のはたらきかけは，生徒が授業以前に身につけている知識と授業後の学習の見通しの双方を再構成する試みといえる。ここで，生徒がそれまでに得てきた学習の履歴，および今後学んでいくであろうという学習の見通しを広い意味でカリキュラムと呼ぶことにしよう。教材研究の第2の視点は，授業における生徒の学びと教材をカリキュラムの視点から検討することである。

　カリキュラムの視点から教材を研究するためには，前後の学年の学習指導要領や教科書を参照するとよい。たとえば，実習で中学校1年生の数学科や理科を担当する場合，小学校と中学校2，3年の教科書ないし学習指導要領に目を通す必要がある。今回の授業では，すでに小学校で学んでいる何と関連づけて

新しい内容を導入すべきか。今回授業で扱う内容は将来どのように深められるか。これらを考えるためである。英語科のように中学校ではじめて本格的に導入される教科に関しては，教育実習でレッスン4を扱う場合，それまでのレッスン1から3までの内容をていねいに読み，既出の単語・熟語ないし文法を頭に入れておく必要がある。授業の適切な場面で，すでに学んだ単語や文法の復習を織り交ぜるためである。ベテランの教師の場合，将来学ぶ単語に関しても，訳を板書するなどの配慮をしながら慎重に導入することがある。授業参観の際に確認したい。

ところで，生徒が教科書に記載された知識を咀嚼しているとはかぎらない。前の学年で取り上げた内容を生徒がどの程度理解しているかといった，生徒の学習の実態については，指導教諭に事前に尋ねておくほか，実際の授業場面での生徒の様子から把握すべきである。生徒のノートを集めてコメントをつけて返すといった地道な学習指導は，生徒の実態を知るうえでも有効である[1]。

3 生徒という視点

教材研究の第3の視点は，生徒にとってある事柄を学ぶ意義・必然性という視点である。授業内容のなかで生徒がつまずきやすい箇所はどこで，知的好奇心をいだく箇所はどこか。学校生活や学校外の生活において，生徒たちがかかえている悩みや関心事とは何か。そもそも，ある事柄を説明するために自分が用いようとしている語彙は，生徒の理解できるものなのか。これらをふまえて，教材のあり方を検討するのである[2]。

この視点から教材を研究するためには，生徒のことを知らなければならない。生徒の顔と名前を覚えることは，単に生徒と親しくなるためだけにあるのではない。あるひとつの問いを投げたときに，各々の生徒はその問いをどのように受け取るのか。それぞれの生徒のなかで重要な学びが起こる問いとは，どのような問いか。これらを吟味するためでもあるのである。ベテランの教師は，自分の問いに対する生徒の反応を予測できるだけでなく，ある生徒の反応に対する別の生徒の応答（横の関係）がみえ，ひとつの問いがクラスにもたらす波紋（ざ

わめき，雰囲気の変化）を予想することができる。その予想に基づき，今度の授業では○○さんに当ててみようという構えで教室に入ることもある。

　以上の教材研究を通して得られた知見は，学習指導案の「教材について」の欄に記入する。このうち，学問的・文化的な視点で得られた知見は「教材観」の欄に書き，生徒という視点で得られた知見は「生徒の実態」の欄に書く。

③　1時間の授業の構成

　教材研究に一定のめどが立ったら，単元を構成する1時間の授業構成を考えよう。授業展開を考えることで，教材研究の必要な箇所がさらに見えてくるからである。

　1時間の授業を構成するためには，その授業で生徒に学んでもらいたいこと，考えてもらいたいこと，伝えたいこと，すなわち学習指導案における「本時の目標」を明確にする必要がある。「本時の目標」が明確に絞りきれていないと，雑多な事柄を羅列的に説明する授業になりがちである。指導教諭から，「この授業のポイントは何だったのか」という批評を受けるのは，そのような場合である。なお，「本時の目標」を具体的にイメージするためには，授業を受ける生徒を思い浮かべるとよい。授業が終わった後に，生徒がどのような感想をもってくれたら授業が成功したといえるだろうか。その内容が授業で伝えたいことであり，「本時の目標」である。

　「本時の目標」が固まったら，次は，授業の具体的な展開過程を考えることになる。これは，学習指導案の「本時の展開」に当たる。1時間の展開過程を考える方法としては，授業で教師が伝えたいと思うことを，教師自身が一方的に語らずに，生徒が互いの議論や資料との対話を通して自ずと気づくように，生徒と教師の活動を組織する方法がある。生徒はどのような資料を読み，どのような問題に取り組み，どのような議論をほかの生徒とする必要があるのか。これらはいずれも，45分や50分という時間を，生徒と教師によるどのような活動で組織するかという問いになる。

　そして，授業を構成する生徒と教師の活動が定まったら，それらを論理的に

関連づけて1時間の授業を構成する。ひとつの小説や映画がいくつかの部分で構成されているように、授業もいくつかの部分で構成され、その部分が互いに関連している。若山牧水の歌の読解・鑑賞を行う132ページの学習指導案を見てほしい。「本時の展開」は大きく導入・展開・整理の3部で構成されている。導入部は、教師の範読とそれに続く生徒の音読を通して、牧水の世界へ直観的に没入する部分であり、展開部は、取り上げた牧水の歌2首の語意の確認や作者の状況の把握を通して、先に直観的に迫った歌の世界に再度知性的に接近する授業の中心部である。そして整理の部分は、展開部で丹念に歌の世界に迫ったことをふまえたうえで、再度言葉の響きや区切りといった音やリズムの面に立ち返って牧水の歌を味わう授業の終末部である。3つの部分がいずれも、前の部分をうけて構造的におかれていることがわかる。さらに授業の中心部である展開部に注目すると、牧水の作風を理解する部分、第1首の読解・鑑賞の部分、第2首の読解・鑑賞の部分という3つの部分で構成されていることがわかる。まず便覧などを通して牧水の作風が確認されるが、そこで確認された「作風」は、いまだ導入部で音読した歌の世界から生徒自身が導き出したものではなく、あくまで生徒にとって外部から与えられた知識の位置にとどまっている。牧水の「作風」と導入部の音読で経験した歌の世界との間には、距離があるのである。その距離を埋めていく謎解きが、2首の精密な読み取りという残る展開部のテーマとなっている。

　以上の通り、ひとつの文章がいくつかの段落で構造化されているように、授業もいくつかの部分によって構造化されている。1時間の授業を構成する際には、授業をどのような部分で構成するかということ、および授業を構成する部分をどのような論理で結びつけるのかということの2つを考える必要がある。授業を構成する各部分を結びつける論理が弱い場合、授業は深まりのない平板なものになってしまう。最初に取り上げた問題を解くなかで新たな問題が派生するため、その問題を次の部分で検討するといったかたちで、生徒の問いが深まったり広がったりするようにしたい。

　授業を貫く論理が構築できたら、生徒の学習形態を考えよう。学習形態とし

ては，生徒がひとりになって自分なりの追究をする個人学習の形態，小グループになって生徒同士の議論を交えながら問題を解決するグループ学習の形態，およびクラス全体で1つの問題を追究するクラス学習の形態がある。その各々はいずれもメリットとデメリットを有しているため，その点を理解したうえで有効な使い分けをしたい。

　個人学習は，問いが一人ひとりの問いになるために必要なものである。個々の生徒が独自なアイディアをつくるためには，ある一定の時間の枠のなかであれ，個々人に委ねられた自由な探索的活動，試行錯誤を含む活動，実験的作業などが必要となる。しかし，個人学習だけで授業を構成すると，生徒による進度のばらつきはもちろん，豊かな発想のわく生徒とそうでない生徒の差が生じ，クラスで共同的に問題を追究しているという感覚が失われてしまう。次にクラス学習は，個々人のアイディアを交換し，生徒が共通の問題を追究する存在として自己を意識するために必要な形態である。しかしクラス学習のみで構成された授業の場合，生徒のコミュニケーションが制約される度合いが高いため，教師の想定を超えた発想が生徒から出にくい窮屈な雰囲気になりがちである。最後にグループ学習は，生徒同士の協同的な探察的活動を促す点で有効な形態である。クラス全体では思いきって挙手できない生徒も，小グループのなかでは隣の親しい友人に自分のアイディアを紹介できる場合がある。そのような場合，友人がそのアイディアをクラス全体へと媒介することで，内気な生徒がクラス全体の授業展開を左右する重要な議論に参加するきっかけが得られる。その一方で，グループでの議論が発言力の強い一部の生徒に偏ることもある。なお，ベテランの教師は，個人学習やグループ学習の際に教師が見いだした生徒のアイディアや疑問をクラス学習の際に取り上げるといった方法で，3種の学習形態を交流させている。

　最後に1時間の授業を構成する練習法を2つあげておこう。ひとつは，ビデオ記録などによって授業を参観し，その授業がいくつの部分で構成されており，その各々の部分がどのような論理で結びついていたのかを検討することである。もうひとつは，1時間分の授業の構想をつくり，それの流れを物語のように人

に語ることである。たとえば「この授業では単振子の周期を決める要因を特定するため、3つのことを行います。最初に単振子の周期を決める要因として、振り子の重さ、長さ、振れ角などを取り上げ、これらが要因になっているかどうか、クラスで議論します。次にグループに分かれて実際に実験を行い、最後に再度クラスにまとまってその結果について検討します」という語り方になるだろう。

4 授業における教師のはたらきかけ

　教室における教師のはたらきかけは多様であるが、ここではそれのもつ意味を、語ることと聞くこと、問いかけること（発問）、つなぐことの3点から検討しよう。

1 語ることと聞くこと

　生徒に向かって語り示すこと、つまりプレゼンテーションは、多様な教授行為のなかでも最も基礎的な行為である。プレゼンテーションの要件は、堂々とした態度で聞き手の目を見て話すなど一般的なものである。ただし、同年代の大人に語る場合と比べて、生徒に対して語る場合、わかりやすくかつ厳密に語る必要性は高い。わかりやすく語ることは容易ではない。私たちが日常的につき合っている友人や家族と話す際、話の前提を逐一確認する必要はない。極端な場合、「あれ取って」というだけで話が通じる場合がある。しかし生徒は、教師と同じ前提を共有しているとはかぎらない。むしろ、日常的な関心事から科学的な推論の様式にいたるまで、生徒は自分とは別世界に住み込んでいると考えた方がよい。別世界に住み込んでいる人とコミュニケーションを行うために、厳密に語る必要が生ずるのである。厳密に語るためには、「あれ」「これ」などの指示代名詞の使用を避け、親しい友人と話すようなくだけた口調を避けて学問的な語り口を用いるなど、語り方を意識して変える必要がある[3]。要は、1回で相手に伝わる言葉をもつことである。

　相手に伝わる言葉をもつためにも、語る事柄そのものの理解を深める、つま

り教材研究を深める必要がある。同じことは板書にも当てはまる。板書をていねいに行うかどうかで，生徒がノートを取るかどうかが決まる場合も少なくない。その際生徒は，単に板書がきれいかどうかを見ているのではなく，授業全体に対する教師の準備の周到さや，扱っている学問に対する教師の尊敬の度合いを察している。板書を見るだけで，授業者の基礎学力を推定できる場合もある。数学の授業において，$y=x$, $y=\sin x$, $y=\tan x$の3者を1つのグラフ上に書き込む場面を考えてみよう。原点の近傍でのグラフの関係を注意深く書くか，乱雑に書くかで，三角関数や微分に関する書き手のセンスを見ることができる。

　以上の通り，プレゼンテーションは基礎的で重要な行為であるが，教師の語り手としての役割を強調しすぎると，教師の仕事を正答の解説と同一視することになる。忘れられているのは，生徒の言葉を受け取ること，つまり聞くことの重要性である。教師が自分の意図にそった生徒の発言だけを拾ったり，逆に，自分の意図しない答えを無視したりしていると，生徒は次第に検討している事柄について思索するのをやめ，教師の望む答えを推測するようになる。そうではなく，生徒自身が疑問や謎を追究する主体となる授業をつくるためには，教師は生徒の発言の正誤を判定する位置から一歩引いて，生徒の言葉の断片から生徒の語りたいと考えていることを汲み取る構えが必要になる。生徒の言葉に耳を澄ます受動的な構えである。その受動性は単なる消極的なものではない。自分に尋ね直す積極的で探索的な行為である。相手の思想をその全体像を復元しながら汲み取り，自分なりに咀嚼したうえで，ひとまとまりの思想として投げ返すこと――これは，生徒との関係，指導教諭との関係の双方において求められる。

2　問いかけること（発問）

　授業で問いを発するのは教師だけではない。生徒が問いを提起する授業，あるいは生徒がいだいた疑問を教師が拾い上げてクラス全体で追究する授業など，ベテランの教師はさまざまなかたちの問いが授業に現れるようにはたらきかけ

ている。ただしここでは，主に教師が提示する問い，つまり発問について4つの点から考えよう。

　第1に，クラスで一斉授業を行っている場合，問いかけをある特定の生徒に行ったかクラス全体に行ったかとは関係なく，問いかけはクラス全体への問いかけになっていなければならない。その問いかけがクラス全体への問いかけにならない場合，言いかえると，直接問われていない生徒がその問いを自分の問いとして引き受けていない場合，授業はひとりの教師とひとりの生徒の間のやりとりの連鎖として行われる平板な授業となる。同じことは，生徒に指名して答えてもらう場合にも当てはまる。実習生は，クラス全体に問いかけをして生徒に挙手を求めた際，1人，2人手が挙がった時点で生徒を指名することがある。しかし，自分の出した問いは，クラス全員の取り組む問いになっているだろうか。そのようなとき，ベテランの教師は，「ちょっと待って。もう少し考えてみよう」と述べて，意図的に授業のテンポを落とすことがある。ある生徒を指名するという行為，あるいは指名をしないという行為は，いずれもその特定の生徒だけでなく，クラス全体に対するはたらきかけなのである。

　第2に，生徒に問いを投げかける際，その問いに対して許容される答えの幅（自由度）については，授業の場面に即してよく考える必要がある。一般に，「はい」「いいえ」などの二者択一を迫る，答えの幅の狭いクローズドな問いを出す方が，その後の授業展開を想定しやすい反面，教師の予想を超えた創造的なアイディアを生徒から引き出すのは難しい。生徒の自由な発想を引き出すためには，この文章を読んでどんな印象をもちましたかといった，答えの幅の広いオープンな問いが必要になる。他方，オープンな問いのみで構成された授業は，授業を通して生徒が何を共通に学んだのかがあいまいになりがちで，散漫な授業に陥る危険性がある。したがって生徒が個々人の自由な発想を紡ぐ場面と，そこで出されたアイディアをもとにクラスの生徒が議論を経て共通理解をつくる場面は，前述した3種の学習形態と同様，適宜使い分ける必要があるといえよう。

　第3に，発問をする際は，生徒がその問いを探求して有意義な学習経験をう

るために，適切な判断材料を事前に提示しておく必要がある。適切な判断材料を提示しない状態で発問をした場合，生徒は，合理的な推論を働かせることなく単なるカンや記憶で問いに答えようとする。逆に，問いに対する答えそのものが資料として配付された場合，生徒はなんら推論をはたらかせることなく，単に資料に書いてあることを目で追って問いに答えることになる。たとえば，「神奈川県の県庁所在地はどこですか。地図帳の15ページを見て答えてください」という発問と判断材料の提示は，単純な思考しか刺激しない。

　最後に，発問をした際に生徒を指名して皆の前で答えてもらう場面を考えよう。指名した生徒が答えに詰まったとき，実習生や初任の教師は，生徒の発言を十分に待つことなく，ほかの生徒に当てたり問いを簡単にしたりして，最初に指名した生徒を落胆させることがある。ある生徒を指名して答えてもらうという教師の行為は，その生徒を信頼して，クラスで協同的に活動する時間をその生徒に委ねる行為である。したがっていったんある生徒を指名した以上は，断片的なものであれその生徒からアイディアを引き出し，クラス全体の議論に活かす努力をしたい。

　重要なことは，沈黙に耐えて待つことであり，生徒の萌芽的なアイディアを汲み取る構えをもつことである。一般に，生徒の答えは模範解答のように整理されたものではない。それは，断片的であったり表面的な誤りを含んでいたりする一方で，すばらしいアイディアをうちに秘めている。生徒の言葉を拾うことは，授業への生徒の参加を促す最も基本的な方法である[4]。

3　つなぐこと

　生徒の言葉を拾う構えは，生徒と生徒をつなぐはたらきかけにも結びつく。生徒と生徒をつなぐとは，ある生徒のアイディアや疑問をクラス全体で共有したり，一見無関係に思われる2人の生徒の発言を関連づけたりする教師のはたらきかけである。生徒のアイディアや疑問をクラスの共有理解にする前者のはたらきかけだけを見ても，ベテランの小学校教師は，すべての発言の約半数をこのはたらきかけのために用いている。生徒と生徒をつなぐはたらきかけとし

ては，生徒の発言に若干教師が言葉を補って，「今，○○さんは……といいましたが，皆さん，この意見についてどう思いますか」とクラスに返すはたらきかけがあり，さらには，生徒の断片的な発言をそのままオウム返しにして，その生徒自身に言葉を補って語り直してもらうはたらきかけがある。あるいは，「今の○○くんの意見，皆さんわかりましたか。△△さん，いまの○○くんの意見をもう一度みんなに自分の言葉で話してくれませんか」といったはたらきかけもある。

　生徒の言葉をいかして次の授業展開につなぐ練習法としては，模擬授業を行って生徒役の人に予想外の反応をしてもらう方法がある。自分の発問に対して，生徒はどのような答えをするのだろうか。模範的な答えやいわゆる正解だけでなく，部分的な誤りを含んだ答え，問題の意味を取り違えた答え，あるいは沈黙という答えなど，さまざまな答えを頭に入れておきたい。

5　授業の観察と評価

　教育実習では，指導教諭の授業はもちろん，他の現職教員の授業や実習生の授業についても，積極的に参観したい。その際の視点を3つあげておこう。

　まず，発問や板書など授業者の行為を参観することはもちろんであるが，それに関しては，クラスの雰囲気や個々の生徒の様子など，授業を構成する諸要素との関連で見ることが重要である。授業でだれた雰囲気が流れた際に，教師のある行為によって急に雰囲気が引き締まったとする。その行為とはどのような行為であったのか。また，ある生徒が教師の問いに答えることができず，口ごもっている。そのようなとき，教師はどのような行為を取ったのか。このような点を見ておきたい。

　次に，参観の際には教師を見るだけではなく，生徒の学習の様子にも目を向けたい。授業者として教壇に立っているときも，生徒のつまずきやひらめきの瞬間を生徒の表情や姿勢の変化から読み取る必要があるが，実習生の場合，その余裕がないことが多い。授業観察は，生徒の表情から生徒の学習状況を読み取る格好の練習の機会である。生徒の顔を見ることのできる位置に立ち，必要

に応じて机の間を回って生徒のノートを見ることが望ましい。事前に授業者の許可を得ておくとよい。

　第3に，免許教科以外の授業も積極的に参観したい。国語や数学など，一斉授業で行うことの多い教科の実習生の場合，技術・家庭科や美術，体育など，グループで作品をつくったり，競技を行ったりする教科の授業から学ぶことは少なくない。自分の授業ではあまり活躍しない生徒も，ほかの教科の授業ではリーダーシップを発揮している場合があるからである。また技術・家庭科や理科の実験の授業の場合，生徒間のインフォーマルな会話や人間関係が授業に現れやすい。家庭科の授業で，生徒が自分の作品をほかのグループの友人に見せに行く場面や，理科の実験の授業で，実験のデザインと実験結果の記録が男女で分業される場面を見ることもあるだろう。場合によっては，グループのなかで，作業が進んでいないにもかかわらず，周りの協力が得られず孤立している生徒の姿を見るかもしれない。

　授業の評価としては，自己評価，生徒による評価，および指導教諭や参観者から受ける批評の3つがある。自己評価は，今後の教師としての成長にとって非常に大切なことである。授業後にただちに記録を取ることが必要である。また他者による評価とのずれを理解するためにも，授業のビデオ記録などを取ることが望ましい。

　次に生徒による評価は，授業後に生徒に書いてもらう感想文などを通してみることができる。さらに，授業中の生徒の発言や振る舞いも，生徒による授業評価の表現ととらえるべきである。授業中に生徒はどの程度積極的に授業に参加したのか。授業中に行った小テストの出来はどうだったか。これらは，教師による生徒の学習状況の評価であると同時に，生徒による授業の評価でもある。なお，生徒の感想文を読む際には，自分の設定した「本時の目標」がどの程度達成されたのかという点だけでなく，「本時の目標」とは無関係に生徒がその授業で学んだのはなんだったのかという点にも着目したい。授業での生徒の経験は，授業者の意図を超えることが多いからである。

　そして最大の指針とすべきであるのは，当然ながら指導教諭による批評であ

る。教材研究の方法から1時間の授業構成の方法，学習指導案の様式にいたるまで，実習で学ぶのは指導教諭の様式であるといってよい。自分の授業に対する指導教諭の批評は，指導教諭の授業の進め方や授業観，学問観，子ども観などを含む全体的な思想として受け取りたい。ある実習生は，授業展開の留意点として学習指導案に「自由な発想を引き出す」と書いた。その言葉に，指導教諭は，「手だてを考える。期待する反応はどうすればでてくるか。どこまで情報を与えるか。どんな評価をするのか。考えなさいでは考えられない。」と批評している[5]。現職に就いた後も振り返りたい批評である。　【佐藤　英二】

資　料

第2学年〇組国語科学習指導案[6]

　　　　　　　　　　　　　　　　　　　　　平成〇年〇月〇日
　　　　　　　　　　　　　　　　　　　　　第〇校時　実習生　〇〇〇〇
　　　　　　　　　　　　　　　　　　　　　　　　　　指導者　〇〇教諭

1．単元名・教材名　「1　言葉の輝き」「近代の和歌」
2．教材について
　(1)教材観
　……短歌は1300年以上の歴史をもった短詩型文学である。古くは，『古事記』や『日本書紀』所載の歌謡にみられ，万葉の時代に興隆を極めた。以後，勅撰集などを中心として展開してきた貴族たちの歌壇，中世・近世の武家の歌文の世界の中心的な詩型として，長い歴史と伝統を誇って現代に伝えられている。三十一文字で表された世界に触れ，それについて学ぶことは，生徒の表現力・想像力を伸ばす上での学習材として好材料であるといえる。言葉のリズムを感じ，日本語表現の豊かさを感じさせたい。……
　(2)生徒の実態
　国語に対する関心が高く，意欲的に課題に取り組んでいる。短歌に表現された言葉から，様々な場面を想像し，考えを深め，発言できる生徒も多い。中には，自分の考えを上手に表現できず，発表することに対して消極的な生徒もいるが，そのような生徒も，周りの生徒の意見を聞いて，ノートやプリントに一生懸命書き込むなど，授業に積極的に参加している。しかし，和歌は，生徒の普段の生活に馴染みの少ない教材なので，歴史ある日本語表現にも興味・関心を持たせ，他人の心情を推し量ったり，進んで読み味わおうとしたりする態度を育てたいと考えている。
3．教材の目標
　(1)短歌の形式や表現上の技法についての知識を身に付けさせる。【言語事項】
　(2)短歌の言葉の意味や語感をとらえて，情景や作者の思いを味わわせる。【読む能力】　　((3)(4)略)
4．学習計画（6時間）
第1時　　単元への導入。万葉集について触れることで，短歌の歴史の深さを知り，短歌の特徴をつかみ，興味を持つ。斎藤茂吉の歌一首目の読解・鑑賞。作者について知り，歌を読み味わうことで，母を思う気持ちを理解する。　（第2時〜第4時　略）
第5時（本時）　若山牧水の歌の読解・鑑賞。歌に描かれた情景を思い浮かべ，その感傷性を感じる。

第6時　……俵万智が訳した歌を読むことで，作者の歌をより身近なものに感じ，歌に表された想いに共感する。
5．本時の指導計画
　(1)本時の目標
①短歌の言葉の意味や語感をとらえて，情景や作者の思いを味わわせる。【読む能力】
②作者の視点に立って，歌に描かれた情景を思い浮かべ，絵や文章に表現する。【書く能力】
③情景を思い浮かべながら，短歌を読み味わう。【関心・意欲・態度】
　(2)本時の展開

過程	学習評価・内容	教師の支援（☆は予想される生徒の反応）	評価計画
導入 3分	1．若山牧水の短歌二首を，音読する。	・教師の範読に続いて音読させ，言葉の響きや言葉への理解を意識させる。	・よい姿勢で，教科書を持ち，大きな声で音読しているか。（観察）
展開 2分	2．若山牧水の作風を理解する。	・便覧を用いて，若山牧水の作風を押さえる。《自然を題材にして歌を詠むことで，愁いや悲しみを表現。》	・若山牧水の歌の特徴や作風について理解できたか。（表情観察）
10分	3．第一首を読み，鑑賞する。①難読語のチェックと，疑問点の確認。②作者のいる場所・状況・心情について考える。③歌の大意を確認する。	・学習プリントの配布。・文語的な表現については補足説明をする。☆「はてなむ」「幾山河」・プリントに記入させる。その後発表させる。☆場所「旅の途中」，状況「旅をしている」「寂しさのない国を探すために，旅をしている」，心情「寂しい」・学習プリントの穴埋めを完成させて，大意を捉えさせる。	・内容を理解し，自分の考えを適切な言葉で書くことができたか。（表現観察・机間指導）（発言）・自分と違う考えをプリントにメモするなど，意欲的に授業に参加しているか。（観察・机間指導）（発言）
5分	4．第二首の読解・鑑賞。①難読語のチェックと，疑問点の確認。	☆白鳥，「はくちょう」なのか。「かなしからず」とはどのような意味なのか。「青」と「あを」の違いは。	
25分	②作者のいる場所，状況，心情や，歌を読んで気づいたこと，感じたことを絵と文章で表現する。③周りの生徒と絵を見比べて，解釈の異同を考えたり，教師の補足説明を聞き，理解を深める。	・歌から読み取ることのできる，作者のいる場所，状況，心情を考えてプリントに書かせて，発表させる。・色鉛筆や色ペンを用いて，情景を描く。☆場所「海」「海の側」，状況「鳥を眺めている」「旅の途中」，心情「かなしい」「孤独」，気づいたこと「作者はかなしいのかな」「白鳥が空や海の色に染まらないのは当たり前なのに，なぜ，このような歌を歌ったのだろう」・生徒の発表を受けて，改めてクラス全員で，歌を鑑賞する。	・自分の考えを描くことができるか。（机間指導・観察）・歌に描かれた場面を正確に解釈し，絵に表現できたか。（机間指導・観察）・自分の考えをしっかりと表現できたか。（発言）・自分と違う考えをプリントにメモするなどして，学ぼうとしているか。（観察）

| 整理
5分 | 5. 若山牧水の短歌二首を読み味わう。 | ・教師の範読に続いて、心をこめて、朗読する。 | ・言葉の響きや区切り方（区切れ）に注意して読むことができたか。（観察） |

6．本時の評価計画（略。本時の目標に対応する3項目が書かれている。）

注
（1） 生徒からノートを集めた場合には、検印だけでなく、一言であっても言葉を返してあげたい。その一言が、その後の学習の励みになるものである。
（2） この視点での教材研究は、生徒の様子を目の前に思い描ける状態でなければ、現実には難しい。しかし近年、小学校や中学校が学習支援のボランティアを募集することも多くなっているから、そのような機会を利用して積極的に生徒と話をする機会をもつとよい。
（3） 学問的な語り口を用いるといっても、聞き手の理解できる用語を選ぶことは言うまでもない。ベテランの教師は、「サンカクというのは三角形のことだね」と言いかえることで、学問的な用語を慎重かつ地道に導入している。
（4） 生徒たちは他の生徒から多くのことを学んでいる。友人のささやかなアイディアが教師に認められて授業に活かされる経験をした生徒は、友人の言葉だけでなく自らの言葉の正統性（＝自分が授業に参加する一員であることの正統性）にも自信を深める。
（5） 引用を認めていただいた北川美喜さんと指導教諭の浅野隆司先生に感謝します。
（6） 引用を認めていただいた藤田香織さんに感謝します。引用にあたって、大幅に圧縮したうえ、若干字句を変更した。

考えてみよう
1．授業中生徒は静かにしていなければならないという意見がある。これについて、あなたはどう考えるか。
2．生徒は一人ひとり学習の進度が異なるから、クラスでまとまって行う一斉授業は極力避けるべきだという意見がある。これについて、あなたはどう考えるか。
3．教科書を用いずに自作のプリントを使って授業をすれば、うまく授業ができるという意見がある。これについて、あなたはどう考えるか。

参考文献
稲垣忠彦他編『シリーズ授業』岩波書店、1991〜93年。
安井俊夫『社会科授業づくりの追求』日本書籍、1994年。
板倉聖宣他『仮説実験授業の誕生』仮説社、1989年。

教育実習体験（教科教育）[実習側]

1　実習に臨むにあたって

　私は学部卒業後，研究者になることをめざしてずっと大学院で学んでいた。そのため，教師をめざし始めたのはだいぶ後のことになる。結果，高校を卒業してから10年以上経った状態での教育実習ということになった。こんなに時間が経つと通常の実習生と比べてほぼ10歳の年齢差があり，母校とはいうものの先生方もほぼすべて知らないという状態なわけで，体験前は敵地に乗り込むような気持ちでいっぱいだった。そんな不安のなかで私の教育実習はスタートしたのである。

　実習当日，いざ「敵地」に乗り込んでみると私の不安はすべて杞憂であったことを実感した。久しぶりに味わう高校教育という場の雰囲気が自分を好奇心を高めてくれたのである。その好奇心はすべての不安を吹き飛ばし，ここで多くの経験をさせてもらおう，という前向きな行動に自分を駆り立ててくれた。年齢が高い，知っている先生がほとんどいない等が及ぼす障害などひとつも感じなかった，いや，そんなものはもともと存在しなかったのである。現に，私の年齢が高いことを気にする生徒などひとりもいなかったし，私を知らない先生方とも楽しくやれたのである。

　母校での実習ということで，私は運がよかったのかもしれない。卒業が10年以上前のこととはいえ，その暖かさのようなものも感じられたのだから。また，懐かしい校舎，また基本的には変わらぬ校風，その校風が創り出す先生方・生徒たちの雰囲気，すべてが私の不安を消し飛ばす拍車を駆けてくれたこともある。しかし，それは些末な問題である。本当の問題は自分のなかにあるのだと強く感じた。これから，30歳すぎて教育実習など，と思って教師になりたくてもあきらめてしまう人がいるなら「やる気さえあれば，結構楽しくこなせてしまうものだ」ということを私の体験からみとってほしいと思う。

2　教科（数学）

　私の母校である高校は栃木県足利市にある比較的田舎の伝統校で「自学自習」をスローガンに掲げたよい意味での放任主義の校風が特徴である。実習は5月下旬からスタートして6月中旬にかけての全3週間であった。最初の1週間は，指導教諭の担当する2つのクラス（習熟度別クラスA，B，CのうちのAとC）の授業を見学させていただいた。次の2週間は受け持ちのひとつのクラスの授業を10時間担当させていただいた。これは実習後の教育実習事後指導で他の学生の話などを聞いてわかったのだが，平均よりは

少ないようである。しかし，この10時間で二次関数の利用から二次不等式の最後までを演習を含めてやり終えなければならず，さらに研究授業（最後の10時間目）の次の時間が二次関数～二次不等式のテストということになっていたのでかなりのプレッシャーを感じた。そのため，私は授業ごと早めに指導教諭と打ち合わせをして，家でじっくり板書計画，説明の仕方等を練り，最後に授業のシミュレーションなどを繰り返す，というかたちで授業づくりをした。幸いなことに指導教諭はおおらかな方で大まかな指示だけを出して見守ってくれるタイプの先生で細かいことはすべて任せてくれたため，このような方法がとれたのである。はじめのうちは緊張もあってか，なかなか思うようにいかず，生徒の時間を無駄にしてしまったかな？　という気持ちでいっぱいになってしまうことが多々あった。しかし，次第に机間巡視での生徒の質問やちょっとしたやりとりから自信がつき，「もっとよい授業をしてあげたい」と純粋に思えるようになり，余計な雑念がなくなっていった。こうなるとたいへんなはずの授業づくりも楽しくなってきてしまうのである。結局のところ私の授業実習は，生徒がよい反応を示す→もっともっとよい授業をしてあげたい→十分な授業づくりをする→生徒がよい反応をしてくれる→……，というよいサイクルができあがって研究授業までこなせてしまった，というのが実情である。とくに研究授業では校長・教頭先生を含め多く先生方が見ているのにもかかわらず（ふだんの自分だったらがちがちに緊張してしまう），私の頭のなかにあったのは「生徒全員がわかるように，明日のテストでみんなが良い点をとれるようにがんばろう」ということしかなく気づいたらすべて終わってしまっていた，緊張する暇もなかったのである。

　こんな経験をふまえて，これから実習に臨む皆さんに私が1つ言えることは，授業づくりはまず，「教育実習の先生の授業でよく分かんなくなっちゃった，と思う生徒がひとりでも出ないように」，と心掛けることから始めるとよい，ということである。この心がけからよいサイクルが生まれ，気づいたら実習は無事終わってしまっているはずである。教材研究，板書や説明の仕方，話し方等は望めば指導教諭の先生が十分に指導してくださるので，それをする純粋な動機をもつことが重要である，と私は教育実習を通じて強く感じた。

【馬場　敦／私立大学大学院生】

教育実習体験（教科教育）[実習側]

授業をする前に

　私は母校の中学校で教育実習をした。私自身が「教員になりたい」と強く思うようになったきっかけとなる先生との出会いがあった母校。ぜひこの学校で教育実習をしたいという思いがあった。

　私は当時ボランティアで小学校のT.Tをしていたが，小学校と中学校は質が違うのはもちろんのことで，身につけさせたい学習内容も社会性も違うのだから，私が教員として中学生に向き合うはじめての経験にたいへん緊張していた。

　教育実習が始まる2週間ほど前までは，私が知っていたことといえば，自分が国語を担当する，ということだけであった。日程が近くならないと，学校との打ち合わせが行われないので，何を準備すればいいのだろうと戸惑った。だから，大学での教育実習指導は私にとって心強かった。

　教育実習経験者から話を聞いたこと。学習活動の流れを何枚も書き直したこと。グループごとに模擬授業をし，学習内容はもとより，声の大きさや目線など，基本的な態度や姿勢を学んだこと。これらの授業内での実践は，結果的にイメージトレーニング以上の効果をもたらした。

　私がなによりも，「これをやっておいてよかった」と感じたものは，教育実習指導の授業で課題として何回も出された，〈学習活動の流れを書く〉という作業である。学習指導案よりは軽いもので，文字通り学習活動の流れを書くのだが，そこには，「教師の支援」「予想される生徒の反応」という項目を含んでいる。その項目について考えイメージし，模擬授業を繰り返したことは，教育実習，教員採用試験，そして今実際教員になってからの学習指導案づくり，授業づくりに生かされている。

　生徒に何を学ばせたいのか，どんな力をつけさせたいのかを考え，授業を進めることが大切だと，気づくことができたのである。

教材研究と実際の授業

　2週間ほど前に教育実習先の中学校との打ち合わせがあった。そのときに，私が担当する生徒は2年生であることと，使用教科書，教える単元を伝えられた。その2週間で教材研究をしなければならない。ある程度予習をしていないと教育実習期間中はまともに睡眠がとれない，と聞いていたので，とにかくできるだけの準備をしておこうと思った。

私が担当したのは、「短歌」の範囲である。各クラスで何時間授業をするのか具体的なことは決まっていなかったので、何を教えるか、ということよりも、まず私自身が教材に近づいていくところから始めた。
　短歌の特徴（字数や句切れなどの文法事項）や、短歌の作者について知ること、その歌が詠まれた場面や背景を知ったり考えたりすること、歌に込められた情景や気持ちを読み味わうこと。
　私自身が教材に近づいていくなかで、では、子どもたちに何を学ばせたいか、何を問いたいか、ということを思いついたときにメモしておき、教育実習にのぞんだ。
　実習1日目は、私も生徒もお互いに相手を探っているような状況であった。挨拶をしても、いっしょに給食を食べても、いっしょに清掃をしても、なんとなくぎこちない。授業時間中は、教育実習生の控え室で教材研究をしたり、指導教員はじめいろいろな先生方の授業を拝見させていただいたりした。
　この1日で実感したのは、生徒と教員同士の信頼関係があってこその学級経営や授業づくりがあるということ、そして教員は多忙だ、ということである。
　実習2日目からは、いよいよ私が2年生全クラスの国語の授業をすることになった。私のほかに教育実習生は2人いたが、2日目から授業をやるのは私だけである。まったく何もわからぬまま、いきなり教壇に立つことになった。生徒たちは、「この先生はどんな先生なのだろう」「どんな教え方をするのだろう」という好奇の目をこちらに向けていたように感じた。それはもちろんこちらも同じで、はじめて教える子どもたちに対して「どんな子どもたちなのだろう」「どんな反応をするのだろう」と少し緊張していた。いくら模擬授業を何回もやっていたとはいえ、相手は学生だった。雰囲気はまったく違っていた。緊張しながらもなんとかやり終えた授業に対して、指導教員からたくさんの指摘を受けた。
　指摘の内容は、授業の内容以前のものがほとんどで、話す速さが速いこと、板書するときに体が書く文字に対して真っすぐになっていないせいで板書した文字が曲がっていること、目線が黒板にいきがちであることなどを指摘された。
　3日目以降の教育実習は、道徳ももつことになった。自分が授業をするとき以外は、教材研究、先生方の授業見学、給食・清掃・部活動の時間・生徒との交流に時間を費やした。ちょうど硬筆展の時期であったので硬筆指導もした。このように、生徒とコミュニケーションをとり、だんだんと人間関係をつくっていったことと、授業する回数が増したことで、生徒とのやりとりができる授業になっていった。指導教員からの指摘も徐々に減り、学習内容に踏み込むものになった。

そのようにしてあっという間に2週間が過ぎ，研究授業の準備をしなければならなくなった。まずは1回自分で学習指導案をつくってみよう，ということで私が参考としたのは，学習指導要領と，大学の教育実習指導でつくった授業案である。

若山牧水の短歌2首―「幾山河越えさり行かば寂しさのはてなむ国ぞ今日も旅ゆく」と「白鳥は悲しからずや空の青海の青にも染まずただよふ」―からどのようなことを学ばせたいか，どんな工夫をすれば短歌に興味をもたせられるのかを考え，学習指導案をつくった。

評価・観点の部分ではあいまいな表記になってしまったので，指導教員に指導を受けた。授業を進めるなかで，どんな観点から評価するかを細かく書いていった。たとえば音読をさせる場面では，「意欲的に大きな声で音読できているか」という観点において，評価方法は「観察・表情観察」というように書く。教育実習指導で書き慣れた「教師の支援・予想される生徒の反応」は，そのままでなんとか書き上げ，作業プリントを用意し，研究授業にのぞんだ。

この歌はどんな場面を歌ったものだろうか，この場面を絵で表したらどうなるのだろうか。多くの先生方の視線に緊張しながらも，目配りや声の大きさ，話す速さなどに気をつけながら授業を進めた。絵を描かせると，こちらが予想もしなかったような絵を描き，生徒が主体的に活動する授業になったと思う。ただ，学習指導案の内容すべては終わらなかった。

授業後，いろいろな先生から講評をいただいた。本時でめざしていた学習内容が終わらなかったことなど指摘されることはたくさんあったが，声がよく通る，板書が見やすい，生徒のどんな考えも否定しないなど，生徒とのやりとりをほめられ，自信につながった。

もちろん授業の質も内容も十分なものではなかったが，生徒とのかかわりを大切にできた授業になったのでないかと思う。それは，教育実習を始める前に，見通しをもっていたからだ。

「予想される生徒の反応」を何度も何通りも考えたことで，生徒の実態に合った授業を進めていくことを意識できていた。このような意識があるかないかで，教育実習中の生徒とのかかわり方もずいぶん変わると思う。休み時間も放課後も生徒とかかわり，生徒を知ろうとし，この子たちにどんなことを学ばせたいか，伝えたいかを考えた。私が彼らを知りたい，知ろうとした気持ちは相手に伝わっていたはずである。

この授業で生徒はどんな反応をするのだろう，自分が生徒に伝えたいことはどんなことだろう，と考えておくだけでも教育実習生活・教育実習で得られるものは想像以上になるのである。

【藤田　香織／私立大学学生】

指導教員から（教科教育）［受入側］

はじめに

私の勤務する学校では，毎年15名前後の教育実習生を受け入れており，担当教科である数学科では，2006（平成18）年度に3名の教育実習生を受け入れた。実習する期間は，わずか2～3週間という短期間であるが，実習に向け準備教育が長期にわたり大学等で行われ，それぞれの希望とともに実習に臨む。実習終了後は再びそれを振り返り，ひとりの教師として生徒の前に出るべく，再び大学等で研鑽を積む。そんな姿を毎年のように目にしていると，ふと自分の経験が甦る。自分も知らず知らずのうちに多くの方々にお世話になり，教育実習を終え，いまにいたったことを。いつしか教育実習生をお預かりする立場となり，その立場から，教科指導について述べることに対し，私自身を育てていただいた多くの方々に感謝の気持ちをいだきながら進めていきたい。

1 教科指導

教科・ホームルームを問わず，生徒指導を一言でたとえていうならば，「生徒と教師とのキャッチボール」という言葉が適切であろう。キャッチボールをするためには，互いが信頼し，尊重しあうことが不可欠なのは，実際のキャッチボールを想像されれば明白である。つまり，信頼関係を築くことにより，互いの主張に耳を傾け，素直な表現ができ，そのうえでひとつの教育目的が形成され達成されていくものと考える。したがって，どんなに優れた能力を有している教師でも，信頼関係が築けなければ，生徒にとって優れた教師といえないのである。では生徒と教師の信頼関係はどう築くべきなのか。これは，教師の個性や生徒の一人ひとりの個性に合わせて築かれるものであって，いわゆる公式というものはない。教師が試行錯誤を繰り返し，また，時間の経過などの外的要因も複合されて，それぞれの信頼関係が築かれるのである。そのうえでよりよい授業がつくり上げられていくものなのである。

2 学習指導案

(1) 学習指導案

授業の指導目的を効率よく確実に達成できるように，授業の計画を示すのが，教科・ホームルーム指導案である。これは，航空機の飛行計画に相当するもので，長距離を飛行する航空機が，わずかな位置や時間の誤差の範囲で定刻に航行されるように，授業内

容について，時間配分や各場面での目的・指導留意事項をあらかじめ教師側が注意喚起しておくものである。実際には，授業の雰囲気などによって，計画通りに進まないことも多々あるが，指導案の出来いかんによって，授業の成否が決まることもある。

(2) 学習指導案の作成

学習指導案の作成にあたっては，その授業で何を理解してもらいたいか，生徒の活動をどう期待するかなどを考慮し，それを根幹に作成していくものである。50分の授業ならば，「導入」5分，「展開」40分，「まとめ」5分程度の目安で時間配分を切り，さらに細かい指導内容に合わせて，それぞれのなかで指導計画を細分化していくものである。

次にひとつの例として高校1年数学Ⅰの「数直線」についての，指導案をどのような視点で作成していくか紹介したい。まず，この単元の背景を概観すると，数直線の扱いについては，小学校から導入され，中学1年では「正負の数」，高校1年では実数として，「無理数」の導入後に扱われている。このように，それぞれの指導目的が異なっており，高校1年の指導目的は「線は点の集合」という観点で数直線を扱わなければならない。すなわち「自然数→整数→有理数・無理数→実数」という順に導入・展開されていくことによって，それぞれの点を「しきつめる」ことで，1本の「直線（＝数直線）」になることを理解させなければならない。これをもとにして，内容を数理的・直観的に展開していくのである。実際に実践した授業では，実数までの導入は，「数の分類」からアプローチし，そこでは，自然数などの定義を確認し，その定義をみたす具体例を提示してもらった。そして，$\sqrt{2}$や$\sqrt{3}$などの身近な無理数が含まれている1から2の間の数に着目し，有理数を挿入後，無理数が有理数を補完していることに気づかせ，それらをしき詰めていくと，隙間のない点の集合すなわち線になっていくことを理解させた。その後，内容を確実に定着させるため，直観的なイメージとして，「パズル」の完成方法を連想させた。「パズル」の多くは，縁を入れて，わかりやすい絵の部分を埋め，最後にわかりにくい部分を埋めることによって，1枚の絵が完成することに，数直線の数理と共通性を感じたからである。これらの生徒・教師の活動を計画していくのが学習指導案である。

3 授業実践

作成した学習指導案に基づいて授業を行うと，計画通りに進められることもあるが，計画通りに進まないこともある。その要因として，教師が期待した生徒の反応や活動が得られない，理解してもらえない，あるいは，生徒からの質問に手間取るなどが考えられる。これらを生徒側に問題があると考えてしまいがちだが，生徒の反応が得られないのは，教師側の授業構成が失敗しているのである。そのようなとき，どんな点で失敗し

たのかふりかえるのに，学習指導案の検証がひとつの方法であり，しっかり検証することによって今後に生かせる。しかし，担当学級が複数ある場合，教師は内容が同じ授業を何度か実施できるが，生徒は常に1度だけということを忘れてはならない。つまり，教師の授業は失敗の許されない「待ったなし」なのである。

　まとめ
　教師という仕事は，日々変化の連続であり，生徒や保護者との関係も長期間かけてわかりあえることもある。そのわかりあえた瞬間こそが，教師冥利につきるものであり，そこには，なんの利害もない。純粋な人間対人間のふれ合いなのである。皆さんにもぜひ，その素晴らしい経験をしていただきたいし，また，いつも新しい刺激を求め続ける研究熱心な教師になってもらいたい。最後に，私が理想とする次のメッセージを送り，いつの日かどこかの研究会でお会いできることを期待して結びとしたい。
「教師は生徒の学習のアシスタントである。優れた教師は生徒を自ら学びたいという欲求に立たせる教師である。」
【菅　達徳／私立大学付属高等学校】

第8章 教科外教育

　教科外教育とは，授業以外の場で子どもの生活と文化・科学を結合し，個と集団の関係を考えながら，その発達・成長をうながす教育的な活動の総称といえる。そして，それは自主的・主体的な子ども自身の活動によってこそ大きな効果が期待できるものである。

　本章では，日常生活性，集団性，総合性，子どもの自主行動性などを，教科外教育の特質とみて，筆者の中学教師時代の実践事例をもとに，特別活動，生徒指導・生活指導，教育相談，道徳，総合的な学習の時間などについて，考えていくことにしよう。

　教師は学校における生活の全場面を通じて子どもと接し，そのそれぞれの場面においてかかわりをもち，子どもに対するさまざまなメッセージを発している。そこにはなんらかの指導の契機がはらまれていて，教師は教科外活動と教科の活動の領域を自在に行き来しながら，子どもへの理解を深め，その子の発達の課題を把握する。そうした子ども理解に立って，教師として，また教師集団として，子ども・子ども集団にはたらきかけるのである。

　教科の授業では知識・理解を軸に，直接的に文化や科学と結合し，認識を育てるよう組織され計画される。道徳，総合的な学習の時間における指導も計画性は重要なポイントである。（もっとも，授業の指導案までは立てられても，子どもと直面する局面での教師の判断まで計画化することは困難である。）しかし，生徒指導・生活指導，教育相談などは，学校の日常生活のなかで，その時々に起きる問題を取り上げて指導するのであり，「この時期にこのようなことを」という程度の指導計画はもちつつも，問題のすべてを計画に組み入れることはできない。多くの場合，突発的に顕在化した問題を取り上げ，それへの対応を通して，市

民・主権者主体としての生き方や態度を育てていくことを志向する。教育実習では、子ども・教職員と生活を共にするなかでその学校の教職員が、どのような事柄を大切に指導しているかをみてほしい。そして、教師が日常の生活のなかで何気なくこなしているように見える言動のなかに含み込まれた、その教師の子ども理解や専門性ということに関心を向けてほしい。

1 特別活動の大きな可能性

　教科外教育活動というと、多くの教師はまず、学校行事を中心とした「特別活動」を思い浮かべるだろう。それは教師の注ぐエネルギーの大きさと得られる感動の強さが反映している。行事に取り組むなかで子どもの活動的な姿にふれ、子ども集団と教師集団が力を出し合って活動し、その結果、強い一体感と感動を共有するよろこびを味わうことができるからである。「教師になってよかった」と思う瞬間もこのようななかにある。教育実習では、登校から下校まで子どもと生活を共にし、子どものさまざまな姿にふれてこのことを感じ取ってもらいたい。

　「特別活動」は、現行の学習指導要領上、A 学級活動、B 児童会活動（生徒活動）、C クラブ活動、D 学校行事、として示され、学校行事はさらに(1)儀式的行事、(2)学芸的行事、(3)健康安全・体育的行事、(4)旅行・集団宿泊的行事、(5)勤労生産・奉仕的行事が上げられている。この学習指導要領がどのような歴史的変遷を経てきたかを振り返ることも教育活動の視野を広げることになるだろう。1951（昭和26）年学習指導要領（試案）では「教科以外の活動」のなかに、「民主的組織のもとに、学校全体の児童が学校の経営や活動に協力参加する活動」として、児童会や委員会児童集会などがあげられていた。また、そのうちの「学級を単位としての活動」の冒頭に、「学級に関するいろいろな問題を討議し解決するために、学級の児童全体が積極的に参加する組織」として「学級会」がおかれていたが、その後の改訂のなかで消えていった。子どもにとって身近な自治的活動の領域が項目として消えたことに注目しなければならない。学級や学校は子どもにとっては大きな意味をもつ社会であって、子どもはその

社会に積極的，能動的な態度でかかわるように育てられなければならない。ところが，その後の改訂のなかでは，「活力ある社会に主体的に対応する能力の育成」という言葉に象徴されるように，適応・順応を求める傾向が強くなり，状況そのものを変えていこうとする意欲や態度を育てる志向は弱い。

学習指導要領のこのような変化はあるが，実践のなかでは教科外教育活動を子ども参加で進めようとする多様な取り組みが生まれている。とりわけ高校では生徒・保護者・学校共同する三者協議会などの実践が広がり，長野県辰野高校などの取り組みはとくに注目されている。

1　修学旅行の改革と平和学習

修学旅行は学校行事のなかでも特別の位置を占める。子どもにとって強い印象を刻み，卒業後も記憶に残る行事である。教育実習で修学旅行の引率を担当することはないだろうが，自らの体験を思い返しながら教科外教育活動について考える素材として取り上げたい。

修学旅行は総合的な学習と活動を特別な体制で集中的に展開できる機会であり，文字通り「修学」の観点を重視して構想すれば，学習指導要領のいう「旅行・集団宿泊的行事」という範疇に収まりきらない実践が創造できる。

筆者は1970年代の後半，平和学習を軸に修学旅行の改革に取り組んだ。まず，「修学旅行で何を学ぶか，何を，どう指導するのか」という問いを立てて見直しに着手した。そして，旅行先が長崎であること，生徒と学校の問題として暴力の克服という課題が大きかったことから，生徒自身の主体的な活動で平和学習に取り組むという方向を打ち出した。

勤務した中学校の修学旅行は，筆者が担当する以前から「平和学習」と銘打って，長崎原爆資料館を見学し，被爆者の話を聞くというかたちにはなっていた。しかし，生徒はいわば観客の位置にあり，生徒の自主的な活動が十分でないことが気になった。生徒たちの関心の中心は，宿泊や行動の班編制，新幹線やバスの座席決定などを考えることであるようにみえた。この状況を改革し生徒の主体的な学びを創り出すために，生徒が事前学習をもとに班別に学習・見

1 特別活動の大きな可能性　　145

学コースを設定し，自分たちで自由に行動できるようにした。こうした改革は何気ないもののように見えるが，引率教師にとってはなかなか厳しいものである。限られた人員で，安全の確保と生徒指導上の問題に対応する体制も組まなければならない。バスガイドの旗の後をぞろぞろついて歩くスタイルでなく，見学場所を地図を頼りに自分たちで訪ねるので，「オリエンテーリング方式」などと名づけた。少しでも生徒たちの主体的な学習を創り出したいと考えてのことであったが，1970年代末の当時には高校生でもそのような実践事例はなく，長崎でのこの計画には，校長は安全確保と荒れた生徒たちの問題への対処責任がもてないと最初は反対した。しかし，同僚には若い教師も多く，ぜひとも実現したいと燃えた。事前の下見旅行では長崎市内を文字通り歩き回り，詳細な報告書をつくって校長を説得した。子どもを主体にした新しい試みへの挑戦は，予想される負担増の労苦をこえて教師のエネルギーを引き出したのである。とはいえ，計画の段階から生徒が参加するというのではなく，いまだ教師主導の取り組みではあった。それでも，少人数の班行動のなかで生まれる生徒間の行き違いや葛藤を，避けようとするのでなく，教育的に意味のあるものにしていこうとする教師の合意がなければできない実践であった。直面している課題に向き合って実践を構想しようとしたとき，行事はそれをダイナミックに展開できる絶好の機会になるのである。

　長崎滞在中の活動の中心は，先にふれた「オリエンテーリング方式」で平和祈念像，爆心地，片足鳥居，永井博士の寓居跡，大浦・浦上天主堂など自作の地図を手に見学地を訪ね歩くことと，夜の宿舎で被爆者の話を聞く集会の2つだった。

　被爆者の話を聞く集会も，生徒たちの主体的な参加をつくるという観点から見直した。一方的に話を聞くだけでなく，被爆者の前で自分たちの学習内容を発表し交流会することにした。会場には調査結果や事前学習の内容をまとめた何十枚もの模造紙，美術の時間に制作した平和をテーマにした作品なども張り出された。取材に訪れた新聞記者は，まるで学校の文化祭が移ってきたようだと感想を述べた。話を聞くお返しに自分たちの学習したことを報告しようとい

う提案は，生徒たちの学習意欲を刺激した。長崎修学旅行という，自分たちの学習の集約の機会が明確に設定されたことで，事前学習は各教科横断的な平和についてのテーマ学習の統合が進んだ。

2　歌声がかわった

　音楽科では被爆者との交流会で歌う，「原爆を許すまじ」などの合唱練習に取り組んだ。荒れた雰囲気の学年で授業ではおしゃべりが多く，歌わせてもほとんど声は出ないという音楽教師の悩みを聞いていた。学年集会の歌声でも，1人の教師の声が全学年 300 名をこえる生徒全体の声より大きいという状態だったのである。

　平和学習を進め，社会科のなかで戦争と被爆の実相を知り，日本の戦争の侵略的な展開の経過を学んだ。国語科では被爆者の手記を読み，峠三吉の「にんげんをかえせ」も学んだ。家庭科では被爆者に贈る膝掛けを編んだ。理科では放射能の被害と原爆の構造について学習した。このような学習をつないで生徒の関心は深まりと広がりを見せ，表現にも変化が見えた。それを象徴する劇的な出来事が，合唱の歌声の大きさだったといえるだろう。これは期せずして，人間はなんのために歌を歌うのか，どういうときに歌いたくなるのかということを考えさせることになった。自分の思いのより良い表現として歌を歌おうとするときにこそ，表現の技法もよく学ばれる。歌う気持ちになることと歌の技術指導が結合されないといけないということを，若い音楽教師は肌身にしみてつかんだのである。

　なんのために，何を学ぶかという問題提起が明確になることによって，それとつながる教科学習の特性・本質もよりはっきりする。話を聞かせてくれた被爆者の方に，平和の願いと感謝を込めた歌声を聞いてほしいという思いが共有されたとき，その歌声は音楽教師も，そして生徒たち自身も驚くような響きをもった表現になったのである。「平和学習のなかで音楽は本当の音楽になった」と当時語り合ったものである。

　このような生徒の学習発表を聞いた被爆者講師が涙ぐみながら，自分たちの

語り部の活動の意味をとらえ直すことができたと語るのを聞いたとき，生徒と被爆者の本当の交流とはこういうことだと思ったものである。

3 地域と生活に根ざした学習

　学習内容の見直しは，「地域と現在の生活に根ざしたものに」という観点で考えた。被爆の問題も「そのとき運悪く長崎にいた人の問題」であって，「長崎に生まれなくてよかった」「あの時代に生まれなくてよかった」というのでは，いまの自分たちの問題に向き合えないということになる。それは，戦争と平和についての学習が上滑りであって，歴史の現場に立つような学習になっていないということである。そこで，事前学習では，自分たちの地域の戦争中の様子や祖父母の暮らしの聞き取り調査を行った。地元の教会に聞きに行った班は，「布団を屋根に干していて，アメリカのスパイだといって警察に連れていかれた。アメリカの飛行機に布団で信号を送っているのだろうと疑われたのだ」と語る牧師さんの話を聞いてきた。「教会に出入りしたり牧師さんとつきあうものはスパイだといわれないかと，近所の人とも表だってつきあいにくくなった」という話など，聞き取り調査の報告は，戦争中の暮らしと言論の自由を考える生々しい教材になった。教科書のなかの活字に納まって静止状態だった歴史問題が，現実の自分の生活のなかに飛び出してきた感じになったのである。このように進める事前学習は，授業とも結びつき，身近な教材を生徒自らが発掘し，自分につながるリアルな社会科学習となった。班単位の調査活動を組み込んだ授業など，ふだんの授業では時間不足など大きな制約があってやりにくいのだが，修学旅行の事前学習と結んで楽しく進めることができた。このようななかで，ともすれば受験のための暗記科目と思われがちな社会科は，暗記でない社会科，学ぶ意味のわかる社会科になったのである。また，それぞれの教科の学習は，その展開のなかで教科横断的なものに発展していくのである。こうした取り組みは，教科外学習と教科学習が一体となった総合学習であり，「平和と命の尊さを学ぶ総合学習」だといえる。

　この学習活動の内容は，修学旅行出発前に父母の参加を得て開催した，「親

子平和の集い」で発表された。これは被爆者との交流会のリハーサルと旅行中の生徒指導上の課題を確認しようとするねらいもあったが，地域の題材と子どもの活動を通して親の世代の平和学習にもなった。

多彩な内容を含む実践だが，総花的に拡散するのでなく，平和というテーマと子どもの生活の結合ということを軸に統合していくというねらいは妥当なものであったと考える。

② 総合学習の学びを考える

今日の総合学習をめぐる議論は学習指導要領の改訂とかかわって出されることが多いが，元来，それは学習指導要領に「総合的な学習の時間」が設けられて始まったというようなものではない。

教師の専門性と子どもの自主的な学びに注目して授業実践の研究を長年続け深めてきた研究者に稲垣忠彦がいる。稲垣は「総合的な学習」という言葉が流布しつつあったとき，日本における総合学習の嚆矢とされる樋口勘次郎「飛鳥山遠足」を取り上げ，日本の総合学習に100年をこえる歴史があることを示し，樋口の実践にもふれて授業改造の意味を考察した。この稲垣の著書『総合学習を創る』（岩波書店，2000年）を読んだとき，筆者が思い浮かべたのは先に述べた長崎修学旅行の改革と平和学習の実践であった。

稲垣が紹介した「飛鳥山遠足」は，高等師範学校附属小学校訓導，樋口勘次郎が1896年11月7日に行った実践である。それは教科別に断片的な知識を伝達する，従来の授業の改造を目的としたものであった。小学2年生が，上野・池之端から王子に遠足を行い，それを紀行文にまとめた。樋口はこの紀行文をもとに，遠足によって生徒が学んだことを「生徒の学問」として整理し，動物学，植物学，農業，商業，工業，地理，地質などを列挙している。このような樋口の実践について，稲垣は次のように述べている[1]。

「生徒の紀行文により，生徒が何を学んだかを把握し，遠足において生徒が見聞し学んだことを，関連する学問分野と対照してとらえていることに注目したい。遠足というテーマは生徒の経験，活動にとどまらず，学問

とのつながりをもった学びとしてとらえられている。それらの学問は，遠足において統合され，関連性をもつ生きた知識となるのである。」

生徒の書いた文章による彼らの学びの内容と関心の把握，学問に支えられた学習展開，活動のなかでのそれらの統合ということを，遠足という子どもの楽しむ行事のなかに巧みに編成している樋口への評価である。稲垣はこうした学習の計画と実践を生みだした教師の力量について，樋口が，「机上での計画ではなく，下見の現場において，事物にふれ，生徒の学びを想像し，学習を構想している」ことに注目し，「それはひろく学問・芸術・文化・生活にひらかれた教育課程構想と，子どもの学びへの想像力であり，それらに基づき授業を構成していく教師の想像力である。それは今日の総合学習において教師に求められる力量」だという。まことに重要な指摘であり，現在の状況下ではこうした教師の想像力が自由に展開できる学校運営が強く求められるのである。

さらに，「樋口は統合主義とともに，自己活動による遊戯的学習，生徒が観察し学習したことを発表し実行することを重視し，学校と家庭との連絡を重視している」という稲垣の指摘もまた，今日の学校が求められているものを考えるうえで学ばなければならないことである。

このようにみてくると，重要なことは，教科外教育と教科教育の機械的な分別ではなく，子どもの自主的主体的な学びをつくるという観点で，教科学習においても教科横断的な学習の発展を考え，そのような教科学習と教科外学習を統合する教育課程構想をもつことである。

3 いのちと平和の尊さを考える道徳教育

上記，1-(1)〜(3)で紹介した平和学習の実践は，いのち，平和，人権などという道徳的価値を生徒の内面に育てることをめざしており，これを道徳教育だといってもさしつかえないものである。学校における道徳教育は，①潜在的カリキュラム，②教科と教科外活動を通しての道徳教育，③道徳教育における特設授業，という3つの層からなるという指摘[2]に従えば，上記実践は②教科と教科外活動を通しての道徳教育のひとつの典型を示し，この実践の充実によ

って，①潜在的カリキュラムを意識的に組みかえようとする挑戦でもあった。この実践の重要なポイントは，このような価値を生徒自身の活動によって把握するのであり，また，それは教科学習と結びついた知識や認識に支えられているという構造をもつことである。このことは，今日の学校のなかでの道徳教育が，多くの場合③の特設授業に矮小化されて受けとめられている問題への批判を含んでいる。特設道徳教育は，文部省（当時）による時間の特設と絡んで，徳目注入への警戒から批判の的になってきたものである。しかし，もともと，1951年の学習指導要領一般編（試論）では，以下のように述べられていた[3]。

　　「学校教育の全面において，道徳的態度を形成するための指導を行うということは，各教科の学習や特別教育活動がそれぞれの役割をじゅうぶん果して，互に関連をもって行われること，すなわち，全体計画に基づいた教育が推進されるということでなくてはならない。そうでなくては，人格的統一が失われることになる。」

　また，どの教科においても道徳の指導は可能であり必要であることを強調しつつ，「教科の主として目ざしているねらいが，おろそかにされるということがあってはならない」と指摘していた。そして，道徳教育と教科外活動の関係について，「教科以外の活動が，適切に指導されるならば，児童を望ましい社会的行動に導くことができ，道徳教育として目ざすものの多くを，実践を通じて体得させることができるであろう」と述べていた。

　道徳は教育課程に位置づけられるが教科ではなく，したがって文部科学省検定教科書はない。ところが，特設された道徳の時間があり，その時間が規定通り確保され実施されているかが点検されることもあって，あたかも担任が指導するひとつの教科のように扱われている。そして，現実には教材会社が編集し発行する市販の副読本を，「道徳の教科書」と呼び習わすところも増えているのである。筆者は取り立てて指導する「道徳」をすべて否定するものではない。しかし，まず徳目を設定し，それに対応するという教材（多くの場合説話）を用いて徳目に迫るというパターン化した指導は問題が多い。説話を教材にするにしても，それが子どもにとって「わが事」と考えられないでは絵空事に終わる。

子どもが直面している，リアルに考えて解決しなければならない切実な問題，少なくともそうした課題解決のヒントや手がかりになる問題は何か，がつかまれなくてはならない。ナマの問題を取り上げると，「それは生徒指導であって，道徳ではない」などという，観念的な分別は克服されなければならない。

4 生徒指導を考える

1 問題行動への対処と生徒指導の方針——飲酒事件と生徒会執行部の取り組み

ある年の修学旅行では，それまで経験したことのない事件が発生した。この学年も平素から生徒指導上の問題の多い学年であった。旅行初日の宿舎に到着して，生徒を各部屋に入れた後，旅行業者から生徒が一般客室の冷蔵庫から酒やビールを抜き出したらしいという連絡があった。宿舎到着後の，各部屋の責任者や班長を集めて打ち合わせ・指示をしている間に数名の生徒がやったらしい。夜に飲むつもりで集めに回ったようである。すぐに調べたが誰がやったかなどはわからず，現物も発見できなかった。日本酒，ビール，ウイスキーの小瓶などがいくつもの部屋から抜かれていた。やむをえず，夕食後に緊急の学年集会を計画して，そこで訴えることにした。食事会場で食器を簡単に片づけてそのまま集会を始め，教師からの事実報告と訴えを行った。修学旅行を成功させようと平和学習に取り組んできたことを振り返り，成功させるとはどういうことかを各自の行動に照らして考えようというのがその話の主な内容だった。筆者の話に続いて生徒会副会長が訴えた。「こんなことをした人も，修学旅行ということで羽目を外したと思います。みんなで気持ちよく旅行を楽しみ，いい思い出の修学旅行にするために，やってしまった人は盗ったものを返してください。返したら犯人捜しはしませんからわかるところへ出しておいてください」というような内容だった。彼は，学年のなかで一目置かれるグループのリーダーで，「犯人」が誰かは実は予想がついていたようなのである。どういう集会にするか，内容と運営を打ち合わせたとき，犯人捜しはしないで現物の返還で解決しようと提案したのも彼であった。教師のなかに不満な人もいたが，それ以外に解決の見通しはなかった。そして，その解決も2年生までいろいろ

な問題行動のなかにあって，いまは副会長としてがんばっている彼が立って訴えてはじめて実現できそうなことであった。事実，ほとんどのものは返還された。出てこなかった2個の缶ビールはすでに誰かが飲んでしまっていたらしい。おそらく副会長の彼は，この集会後にも目星をつけた相手に個別に説得したのであろう，と筆者は推察した。

　平和学習と気持ちのいい思い出としての修学旅行の成功という，めざすべき大きな価値に照らして行動の反省と正しい判断を求めたのが，問題行動の当事者も含む生徒集団に受け入れられたのだといえよう。

　状況をふまえ機敏に対応するすることが求められる生徒指導の局面でも，積み上げてきた指導と実践が生きることになる。ここでは，平和学習を軸にした事前学習の体験がすべての生徒に共有されていたことが大きい。問題行動を繰り返す生徒が排除されたなかで取り組みが進んでいたのでは，価値にかかわる訴えの内容は彼らに届かなかっただろう。また，副会長の発言も，彼の正義感に着目して生徒会活動で執行部のなかに参加させ，個別的なかかわりを深めながらねばり強く指導を積み重ねてきた努力のたまものであった。副会長として，旅行中の学年集会で十分な準備もなく自分の言葉で発言し，解決の方向を出したことは，彼にとっても大きな転機になった。それまでは，幼なじみの「突出生」たちから，「教師側の人間と思われているのじゃないか」などという感想を漏らすこともあったのだが，この事件をきっかけに，そうした集団と生徒会をつなぐ仕事をはたすことで自分のアイデンティティをつくり上げていったように思われる。

　このように，生徒指導は問題行動への対処と処理を通して，1回限りの事実に向き合いながら指導の継続性を考えるのであり，生徒の態度や世界観の基礎を育てるのである。

2　学生の被生徒指導体験

　生徒指導を上記のように考えても，現実には取り締まり的なイメージが圧倒的に強い。筆者が担当していたある女子大での授業，「生徒指導の理論と方法」

の最初に、「生徒指導と聞いて一番に思い浮かべるものは？」と聞くことにしている。それに対する回答は、例年、「スカートの丈チェック」「頭髪・髪型の点検」など、生徒指導とは「風紀の点検」だという反応がほとんどである。いわば、「風紀」・「秩序」を基準にしたこのような「取り締まり型の生徒指導」が支配的なのである。そして、生徒としての体験を振り返ったときも、そのような「取り締まり型生徒指導」に対する批判や不満、納得できないという声が縷々述べられる。受講している学生たちが教職をめざすというだけに、このような生徒指導イメージをもったまま現場に出て、そのイメージを再生産してほしくないと考えて、筆者の考える、「子どもの困難に寄り添う生徒指導」の実践を示す授業を行った。子どものかかえる困難をどうみるか、その子の成長・発達のニーズにかみ合う指導と援助のあり方をどう考えるか、などという問いをベースにおきながら、具体的な事例や子どものかかわる事件、「山びこ学校」などいくつかの実践を取り上げて授業を展開した。

以下に示すのは、2006年前期のそうした授業後の試験答案のひとつである。試験の問題は「適当なキーワードを2-3語あげ、それを活用して生徒指導についてのあなたの考えを述べよ」というものであった。1人の女子学生の答案を手がかりに考えていくことにしよう。

取り締まり型生徒指導のイメージの強さを彼女は次のように表現した。

> 「私は今までずっと、"生徒指導"とは服装や髪型、万引きやバイクの指導だと考えてきた。この授業を受け、その考えを改めた今でも、"生徒指導"と聞くと最初にそういったイメージが浮かぶのは、それだけ深く私や学校社会に浸透しているからでしょうか。」

このように自分のなかに牢固として染みついた生徒指導のイメージをみつめながら、授業を受けた後の自分の考えを深めている。彼女がキーワードにあげたのは、「知る」「問う」「命」であった。「風紀の点検」から、「知る」「問う」「命」へという転換は興味深いものである。

3　生徒指導観の転換

授業の後にたどり着いたこの学生の生徒指導像は以下のようなものになった。

「私が生徒指導について想うことは，生徒指導とは，生徒にどう生きていくかを教えることだと思う。教えるというか，一緒に考えていくというか……。

それは"進路指導"とは少し違う。これからの進路ではなく，今，この瞬間から"生きる"ということ"生きている"ということについて考えることだ。生徒はそれを模索している。教師はその手伝いをする，それが生徒指導だと思う。」

このような像を描くにいたった彼女の論の展開をみてみることにしよう。まず，生徒をどのようにみるかが描かれる。

「教師が，生徒と接するとき，さまざまな視点から生徒のことを考えていなければだめだと思う。生徒は日常生きているなかでいろいろな体験をしていて，大人以上に敏感にいろいろなことを感じ取っているだろう。それはプラス方向に動くこともあるし，マイナス方向に動くこともある。どっちに動いても子どもの心に大きな影響を与えているだろうと思う。それを自分で支えきれなくなりそうなとき，子どもはなんらかの方法で，周囲に知らせようとする。子どもの発信するシグナルをしっかり察知しなくてはならないと思う。」

ここでは，彼女が自分の言葉で生徒への理解を表現している。なかでも重要なことは，生徒が現実に生きている存在であること，つまり，生活し，体験し，感じ，シグナルを発信する主体としてとらえられていることである。実践経験のない学生として具体的対応のイメージがもちにくいのは当然であるが，生きる主体としての生徒の存在の尊重が，基本的な観点と考えられているのであり，それは以下のようにも述べられている。

「もちろん察知したその後どう対応するかも大切だけど，今の私の考えでは答えはわからない。だけど，そのときに，子どもの自尊心を傷つける対応だけはしてはならないと思う。なかにはシグナルがわかりにくかった

り，逆に隠そうとしたり，一見なんの問題もないような子どもがいる。そうした子どもにどう向き合っていくのか大切だと思う。子どもは花の種だ。たくさんの希望がある。だけど，大人の勝手な期待を押しつけすぎると重みでつぶれてしまうこともあると思う。

　だから，生徒と向き合うとき，教師はさまざまなことを知る必要があると思う。その子の性格とかはもちろん，今どう思っているか，どうしてこういう行動をするか，家庭はどうなっているか，そして，社会は今どうなのか……。子どもはそういったいろいろなことのなかで生きているから，教師はいろいろなアンテナを張って，いろいろな角度から子どもをみて，知ったことを自分で考えて問い直して，また知って……を繰り返し，子どもにとって何が問題なのかを考えることが必要だと思う。」

このように考える彼女は，生徒の存在そのものの意味を考えることを基本的なベースにしているのだといえよう。それを真摯に追究して行き着いたところは，「命について考える」ということだった。

　「何よりも大切なのは"命"について考えることだと思う。子どもの感情（喜怒哀楽）とか，意見とか，そういうものが受け入れられるためには"命"が尊重されなければならない。"命"は目に見えるけれど，見えない。誰でもわかるようなもので，実は，とても抽象的で難しい概念だと思う。それをどう教えるのか。自分の命が，自分の存在が，大切にされなければならないこと。そして，自分も，他人の命を大切にしなければならないことをどう学ばせるのか。生徒指導ってそういうものだと思った。命について考えることは生について考えることにもつながる。生きることに対して指導すること。生徒がそれを考え，自分で自分に素直に向き合えるようにすることが生徒指導だと思う。そのために教師はいろいろなことに敏感であり，正面から受けとめる大きい人間であることが大切だと思う。」

命をもち，生きる主体としての子どもに向き合うとき，教師もまた人間的な感性を失わないでいることが求められるのである。きわめて多忙な日常の職務のなかで，ともすれば失いそうな感覚であるが，それは多くのベテラン教師に

とっても教師を志したときの初心に通じるはずである。権威主義的な傾向の強まる学校のなかで，貧困な教育条件もあって，"子どもを束ねて取り締まる"という感覚が生まれがちなのである。知らず知らず強要されてきたこのような生徒指導観を転換するには，教師の初心に立ち返ることも有効だろう。このように考えれば，教育実習のなかで子どもとふれあったときの柔らかい感性が，実は，長い教師生活を生きるうえでもきわめて大事なものだといえるのである。

5 生徒指導と教育相談の融合

　これまでなら生徒指導の課題として「厳しさ」が追求されてきたような問題でも，今日では，教育相談的なかかわりをまずふまえようとする対応が増えてきている。

　それは近年発達障害への関心が高まり，学校現場でもADHDやアスペルガー症候群などについての認知が進むなかで，厳しくしつけようとするだけでは問題は解決しないどころか，非教育的で否定的な効果さえ生むという認識が広がってきているということもある。従来，校内の分掌でも，生徒指導と教育相談は明確に区別されていて，どちらかといえば，対極にあるもののように考えられてきた。実際，1980年代のはじめにある同僚が，「生徒指導と教育相談を1人で担当したら人格が分裂する」というのをじかに聞いたことがあったが，そういう感覚は相当に変化したように思われる。子ども理解の重要性の認識が生徒指導と教育相談の融合のポイントなのである。

　このように，子どもの訴えをよく聞き，子どもへの理解を基礎に指導を組み立てるのが大事だという感覚が徐々に広がってきてはいる。しかし，残念ながらなお多くの教師を縛るのは，「厳しくきちんとさせるべきだ」という支配的な声であり，これを改革していくのが大きな課題であることに変わりはない。

　教科外教育活動の実践構想を立てようとするとき，一人ひとりの子どもを固有名で語り，その子とその子を含む子ども集団の発達と教育の課題を深くつかむことがなによりも重要なことである。そして，そのつかみ方の程度が，その子とその集団にどのように働きかけるのかという実践の質を規定する。

このように考えると教育実習では休み時間も含めた子どもとのふれあいを大事にしてほしい。

6　同僚と共同で進める──子ども理解のカンファレンス

　この学校の荒れ方が激しかったとき，校内研究会のアンケートで同僚の悩みを聞いた。転任してきて間もない教師は，「荒れた子どもと出会ったとき，とっさにどのような声をかけ，どのような対応をすればよいのかがわからない」と書いた。問題行動に直面して，従来の経験からくる判断が通用しないと感じて悩んだのである。これまでなら厳しく叱責するとおもうような場面でも，そうすれば次の新たな対教師暴力事件に発展するだろうという予測はつく，それを避けてどのように指導するのか。無視したと思われたくない，逃げているともみられたくない，多くの生徒も注視している。こうしたなかで生徒と直面したその瞬間に現れる教師の対応が問われるのである。

　このように，教科外教育では，教科における教育活動と比べても，問題が鋭く突きつけられる場合が多い。何か課題をかかえた子どもに，どのように声をかけるのか，ごく自然な表現のように見えるちょっとしたあいさつの工夫が，実は，無自覚の場合も含めなんらかの指導の構想とその瞬間の判断に支えられている。そうした判断の基礎になる教師の感性を磨かなければならない。そのためには子どもの示す具体的事実にこだわり，その事実にそってできるだけ深く考え，経験を問い直すことである。リフレクション（reflection：熟考，反省）ということである。

　経験を問い直すには，一般的，概念的な論議ではなく，時には微細とも思える具体的な事実の検討を集団で進めることが重要だと思う。その場をつくり，教師の悩みを共有し実践をリアルに交流することである。教師が本音で子どものことを語ることは，教師としての自分を語ることである。その子を，その学級をどう見たか，そして，自分はどう実践を構想し，はたらきかけようとしたかがその語りに現れる。こうしたことを事実を通して共有しようと，筆者は臨床事例研究（カンファレンス）を進めてきた。具体的には，目の前の子どもとそ

の事実そのものを，多角的，重層的に検討し，一定の見通しをもってさしあたりのはたらきかけを行い，その結果（つまりはたらきかけ返された内容）を検討し，さらに次の検討に進む。継続的な検討過程そのものが重要な意味をもつ。このようにして，子ども理解を深めることと自分の経験を問い直すことは1つにつながることである。子ども理解において重要なことは子どもの声を深く聴くということである。もちろん，十分に言葉にならない場合もあり，沈黙の底にあるものを聞くのだといったこともある。ともかくも，子どもの内面に目を注ぎ，その子の要求をつかむのである。そこでは子どもの声が聴くに値するものと受けとめられていなければならないのであって，それはどの子もが複雑な内面の世界をもつ独立した人格として認識されていなければならない。教師が多忙や「数値目標」などに追われ，この最も基本的なことが，日常の指導のなかでは後景に追いやられたり，忘れ去られたりしがちなところに大きな問題がある。いま必要なことは，子どもの生活の息づかいを感じられるような子ども理解なのである。子どもの生活感情のリアルな把握とそれへの共感と言いかえてもよい。このようにして把握された生活現実，生きた子どもの姿が，すべての実践と教育論議の基底に据え直されることが必要である。教科外教育活動は，教科教育と比べ，日常生活性，集団性，行動性などが強いのが特質といえるだろう。それだけに，教師の集団としての力量，学校全体としての教育力量が発揮される場合が多くなり，集団的に進める子ども理解のカンファレンスの意義と役割は大きいのである。

　実習校の職員室などで，子どものことがどのように語られているかも意識してみてほしい。

【福井　雅英】

注
（1）　稲垣忠彦『総合学習を創る』岩波書店，2000年，11ページ。
（2）　藤田昌士「心の教育と道徳教育」『現代教育のキーワード』大月書店，2006年，9ページ。
（3）　「学習指導要領一般編（試案）」『資料日本現代教育史2』三省堂，1974年，225-232ページ。

考えてみよう
1. 実習中に体験する教科外の教育活動は，目の前の子どもの成長・発達にどのような意味をもっているのだろう。
2. 実習校の教科外教育は，学校全体の教育計画でどのように位置づけられているのだろう。
3. 教科外教育の場面で発揮されるような教師の専門性はどのようなもので，それはどのように形成されるのだろう。

参考文献

福井雅英「中学生の道徳教育――人権・平和教育を通して」青木一・碓井岑夫他編『道徳教育実践の探求』あゆみ出版，1990年。

稲垣忠彦『総合学習を創る』岩波書店，2000年。

教育科学研究会編『現代教育のキーワード』大月書店，2006年。

福井雅英『子ども理解のカンファレンス――育ちを支える現場の臨床教育学』かもがわ出版，2009年。

教育実習体験（教科外教育）[実習側]

　私は，2006（平成18）年度，母校にて，3週間にわたる教育実習を行った。母校は，中高一貫の私立女子校である。担当したのは，中学2年生であった。担当クラスの先生は，私が在校時にたいへんお世話になったN先生で，生徒であったころとは違う距離を保ちながらも，私が自分からいろいろと学び取れるように，さまざまなことを任せてくださり，直接的な事前のアドバイスよりも，私が行ったことに対する感想を，時折聞かせてくださる，という方針で指導されているようだった。お互いをよく知っているために，このようなことが可能だったのかもしれないが，そのおかげで，私は非常に実践的で有意義な実習を過ごすことができた。また実習には，偶然にもさまざまな特別行事が予定に組み込まれており，多様な経験をさせていただく機会にも恵まれていた。

　なかでも，最も印象深かったのが，合唱コンクールである。教育実習の最終日にあたる日が合唱コンクールであった，というのもあるが，それ以上に，実習中に私が見続けてきた本番までの道程そのものが，私には大きかったように感じられる。在校していた当時は，レベルも高く，最高に盛り上がるイベントのひとつであった合唱コンクールも，先生方の話では，ここ数年はこうした行事への積極性が薄れてきており，盛り上がりに欠ける，ということだった。合唱コンクールなどへ実習生として，どのようにかかわっていけばよいのかを伺ったところ，N先生は「君に任せる」と指示してくださり，実習生である私が生徒にとってもよい刺激になるよう期待された。

　まず，はやく生徒の名前や性質を把握し，コミュニケーションをはかりたかったので，できるかぎり合唱練習へ顔を出すようにした。何度か行くうちに見えてきたのは，さまざまな問題点と，それに対して，それぞれの生徒が「集団活動」の難しさや行き詰まりをなんとなく感じているようである，ということだった。もちろん，全員がそれを深刻に受けとめ，改善に向かおうとしている，という意味ではなく，さっさと飽きてしまって，友だちと関係のない踊りを踊ってはしゃいでいる者もいれば，指揮者のリーダーシップに問題があるのだと苛立ち，リーダーにあれこれと口を出す者，立場を失ったリーダー，じっと黙って静粛に練習が始まるのを待つ者，馬鹿馬鹿しいと言って帰る者……，反応は，実にさまざまであった。

　そのなかに，とくに注意深く見守る必要のある生徒が1人いた。仮にAさんとするが，彼女は，友だちや先生とふつうにコミュニケーションをとることが困難な生徒だった。まだそうとは知らない最初のころ，はじめて話しかけたとき，ギョロっと目をこちらに向けて警戒しているように見つめ，しばらく見回したあと，彼女は黙って去っていってしまった。困っていると，学年の先生がにこやかに近づいてこられて，「あの子はね，

ふだんから，ああいう子なのよ，心配しないで」と，説明してくださった。彼女は，合唱コンクールの練習にほとんど参加していないようだった。時折，そんな彼女をたしなめる生徒もあったが，あまり刺激をするとＡさんは黙ったまま相手を蹴飛ばしたり，叩いたりすることもある子だったため，生徒もなんとなく問題を後回しにしているようであった。

　状況が急変したのは，本番が徐々に近づき，生徒たちがようやく波に乗り始めた矢先のことであった。昼食を急いでかき込み，昼休みの練習をのぞきに行くと，生徒たちはようやく様になってきた「練習」を行っていた。ところが，Ａさんは，自分の席に座って本を読んでいるようだった。

　すると，ひとりの生徒が練習の列を抜け出して，Ａさんに駆け寄っていった。そして，かなりきつい口調で，彼女だけが練習に出ないでいるのはおかしい，と注意した。しかし，Ａさんは，意に介さず，本を読み続けたため，逆に彼女の怒りは強まってしまったのである。気がつくと，Ａさんの周りにさらに５，６人が詰めかけ，怒りにまかせた言葉を言い出していた。なかには，「Ａさんなんて，いなくてよい」「本番で恥をかくのはＡさんなんだから，ほっておこうよ」などという声も上がりだしてしまった。最初は，強気で本を読み続けていたであろうＡさんも，むしろここまでくると，悲しみと，意地を引っ込めるタイミングを失ったのとで，よけいに顔をあげて仲間に入りづらい状況になってしまったように見うけられた。

　私は，とりあえずその場をいさめ，生徒たちが授業へ無事に移動していったのを見届けて，Ｎ先生のところへ相談にいった。先生の指示を仰ごうと思ったのだ。ところが，先生は，最後まで実習生である私を信じ，「任せるからどうすればよいか考えてみなさい」と指示をしてくださった。そして，「今日のホームルームで時間を与えるから，何か話してみないか」と提案された。

　問題を解決に導くような話というものの具体的なイメージが，いまひとつ浮かばないでいる私を見て，Ｎ先生は，自分だったらこういう話を考えてみる，という話をしてくださった。それは，意外にももっと広いところに目を向けた，人とのかかわり方のアドバイスであったり，問題が起こった現場の周縁にいて傍観していたが，それぞれ何かを感じたであろう生徒たちの心にも訴えかけるのを忘れていない内容であったりした。ひとつの問題を問題の当事者だけではなく，皆で考えていけば，クラスとしての成長につながるかもしれない。「任される」ということに対して，私は問題が起きないように，起きたならば即座に解決できるように，と意気込んでいたが，大切なことはもっと別のところにあったようである。

　チャイムが鳴り，ホームルームの時間がやってきた。私はいつもよりも真剣な面もちで，全員が静まるのをまって，話を始めた。「今日のお昼休みの練習を見ていて，私は少し戸惑い，悲しい気持ちになりました。楽しくしようね，といっていた合唱コンクールで

すが、今日の練習は、何だか殺伐とした空気になってしまったと思うんだけど、みんなはどう思った？　あまりよい雰囲気じゃないな、って思わなかった？」ぽつぽつと「思った」という返事があった。「もちろん、合唱コンクールは、クラスで参加するものだから、私が思うのは、まず全員で練習に協力する努力というのが大切なんじゃないかな、ということです。」昼休み、Ａさんを先頭に立って責め立てていた数名が「そうだ！」といわんばかりにうなずいた。「でもね、いつでもどこでも、みんながみんな正しいことをできるとはかぎらない、とも私は思います。誰にだって間違うことや、つまらない意地を張ってしまうことってあるんじゃないかな。そのときに、いくら正しいことを強い口調で言われても、なかなか受け入れるのって難しいんだよね。逆に、正しいことを言えば間違っていた方の人を変えられるってわけでもないってことだよね？　人を変えるのは、ものすごく難しいです。でも、言い方ひとつ、優しさひとつ、自分を変えて相手に近づいていくことは、やろうと思えばすぐにでもできます。相手を変えてやろうと、力むのではなく、何かを変えたいのなら、相手のために自分を少し変えてみる努力を、皆でしていけたら、今日みたいなことを繰り返さなくてすむんじゃないかなぁ、と思います……。言いたいこと、伝わったかな？」教室中が静まり返っていた。

　ホームルームを解散した後、Ａさんには何人かが駆け寄っていき、優しく接してくれていた。Ａさんは、涙目ながら笑顔だった。しかし、私はクラスの後方でうなだれていた、Ａさんに最初に詰め寄った生徒のところへ行くことにした。彼女の気持ちを汲み取ってあげることも大切だと感じたからである。たしかに、いじめのようになってしまったことは褒められないが、彼女のなかでは一種の正義感が働いていたのも、事実であろう。誰もが「なんで、あの子は出ないの？」と内心思っただろうが、彼女はそれをきちんと口に出し、行動に移すべきだと考えたのだろう。子どもは失敗してもよい存在である。しかし、大人同様に、子どもであっても失敗にプライドが傷つけられたりするのは当然ありうる。この出来事は、いじめられたＡさんにみんなが駆け寄って完結するのではなく、自分の正義感の使いどころを間違えるとたいへんなのだ、自分は失敗したのかもしれない、と彼女が感じたうえで、ふてくされている状況から立ち直って、はじめて完結するのだ、と私は感じたのだ。しばらく２人で話し、関係ないことでも盛り上がったりして、彼女は笑顔で帰っていった。

　本番は、成功裏に終わった。しかし、なによりも嬉しかったのは、無事にＡさんも本番の壇上に上がれたことと、実習後、いじめた側になってしまった彼女が手紙をくれて「先生の通う大学へいつか入りたい」と書いてくれたことだった。

　生徒の積極性が失われ、特別活動の意義が問い直される場面も多いと聞く昨今であるが、こうした経験ができるのは、やはり授業を通してのみではありえないことなのではないか、と感じさせられた実習であった。

【和泉　桃花／私立大学学生】

指導教員から（教科外教育）[受入側]

　児童や生徒の立場で人生の大半を送ってきた学生が，教育実習の始まりと同時に，一教師として教壇に立つことになる。約3週間という短期間の仮の教師といえど，子どもにとっては立派な一教師であることには変わりはない。あらかじめわかってはいても，実習が始まった初日から，児童・生徒から「〇〇先生」と呼ばれるのである。そこには過去に経験のない，戸惑いと緊張と期待がともなう。

　また，教育実習が始まった当初は，校長や教頭などから学校の教育目標や教員の服務規程などの説明（講義）を受ける。そのなかでは，教師としてのやり甲斐や喜びについて語られること以上に，一教師としてあるべき姿や言動が強調され，本来自律性が尊重されるべき実習生が「他の先生方に迷惑をかけてはいけない」と萎縮することもある。

　子どもにとっての「先生」と，服務規程を遵守すべき「教員」との狭間で，実習生はすでに描いていた「失敗をしない，してはいけない」存在としての教師像を増幅させながら，教育実習をスタートさせることになりがちである。

　しかし，いざ教育実習がスタートすると，そんな不安や緊張は子どもと直接ふれあうなかで次第に緩和され，安心や喜びに変わっていく。教育実習の醍醐味は，学校という教師教育の臨床の場で，生きた子どもたちとふれあい心を通わせることである。実習最後の日にもたれる所属学級でのお別れ会で，子どもとの別れを惜しみ涙する実習生が数多くいるのは，そうした人と人のつながりに教職の意味や価値を見いだしたからにほかならない。このつながりの多くの部分が，教科外の活動を通じてつくられる。その際，実習生の最大の武器は，なんといっても若さであり，子どもにとって感性や価値観といった面で最も近い存在ということである。また，約3週間の期間限定という臨時性は，子どもにとっては「私を知らない先生」として，心の扉を開きやすい存在となりうるのである。

　今年度6月，本校に約3週間の教育実習に臨んだある実習生は，3年生のクラスに所属し合唱コンクールの取り組みに参加した。実習生（彼女）は，そのなかである生徒の言動に注目した。学級では，パート別のリーダーを中心に，みんなの前で個別に歌う練習がされていた。実習生の目から一見無気力に見えたある女子生徒に，「がんばろうや」と声をかけたところ，その女子生徒は冗談のように「もういややわ」と答えたが，その後泣き出したのである。放課後，実習生は2人きりで話しをする機会をつくった。そのなかで女子生徒は「自分が上手に歌えないことで，みんなの迷惑になっていることが辛

かった」と涙ながらに語った。その生徒は誰にも言えなかった苦しさを語れたことで、どれだけ心の重荷を減らせたことであろうか。実習生は、周囲に「やる気のない子」として映っていたその女子生徒の心のなかの葛藤と苦しみにふれることで、「生徒の表面だけを信じてはいけない」ということを学んだ。中学生当時、パートリーダーとして歌わせる側に立ち、歌おうとしない仲間に対して「なんで歌わへんの」と怒りを感じていた実習生が、「先生」という新しい視点に立つことで、その子の異変に気づき、その子の葛藤や苦しみを理解し共感することができたのである。これは特別なことではなく、どんな学校でも、どんなやりとりのなかにも起こっている人間の感情に基づく日常的なドラマなのである。

　授業には必ず評価がつきまとう。とくに、観点別評価をベースにした相対的評価の定着にともない、子どもたちは教師から期待される言動や授業を円滑に進行させるための秩序が求められ、いっそう教師の評価という目にさらされている。授業中の挙手や発言の数、教師への失言を気にし、「先生、いまの発言、5点プラスやろ」、「先生、いまの減点やな？」などと発言する子どもが増えているのは、このことの表れであろう。このような、評価する側の教師と評価される側の子どもという対称的な関係のなかでは、お互いが心を開き合い共感し合うということは至難の業である。

　しかし、授業以外での教育活動では多くの場合、教師と子どもの評価し、評価される関係が薄まる。そこには、子どもとふれあい、心を通わす契機が多くある。とくに、体育祭（運動会）や合唱コンクールなどの学校行事には、その取り組みの過程で、授業では見ることのできない子どもの姿がみられたり、子どもとじっくり語り合う時間が生まれたりする。

　行事の取り組みなどの教科外教育は、通知票に明記される5段階評定とは無縁である。また、学級を一単位とした集団として取り組むことが多い。それゆえに、子どもたちは取り組みを進める過程で多くの困難に出会い葛藤を繰り返しながら、その困難を仲間との連帯をベースに主体的に乗り越えていこうとするし、それがまた教科外教育の主たる目的であろう。同じリーダー同士が、「意見が合わない」ことで反目し合ったり、「言うことを聞いてくれない」ことで役割を投げ出したり、あるときは肩をたたき合って喜んだり、子どもの世界には教師にはつかみきれないほど多くのドラマが生まれているのである。そのひとつひとつの出来事に、一人ひとりの子どもの個別の感情が生まれている。ひょっとしたら聞き流してしまいそうな子どもの呟きが、実はその子がかかえる悩みや辛さといった根深いものを伝えようとするメッセージであったりする。

　人間はなんらかの外からの働きかけによって感情を生みだす。ましてや、思春期のま

ったただ中にいる中学生には，大人以上に激しい感情がわき起こっているのである。一人ひとりの子どもを感情をもったひとりの人間として認め，「今，この子にはどんな感情が生まれているのか」と自分に問い返すと同時に，その子の内面に起こっているであろう感情の風景をイメージすることで，その子の心の扉を開き，その子が必要とする援助の手をさしのべることが可能となる。

　また，「今，何を感じ，どんなことを考えているのか」という教師の子どもの内面への想像と理解と共感は，授業という教科教育においてもいきてくるのである。子どもの発言や行動に注目することは，子どもに対して敬意をもつことであり，子どもの内面への想像は，同じ人間としてその子への共感と連帯のメッセージを示すことである。多くの実習生は，予定したシナリオにそって授業を進めようとし，一人ひとりの子どもの見方や考え方を等閑にしがちである。しかし，子どもへの理解を深めることで，授業において一方通行になりがちな教師と子どもの関係性を，双方向的で共同的な関係性へと転換し，教授的形態に陥りがちな授業を，子どもとともにつくる授業へと展開することができうるのである。

　短期間の教育実習生といえど，全人格を通して子どもに直接かかわり，そのかかわりに責任を負うということでは，子どもにとって現場の教師とまったく同じ立場である。また，長期にわたってかかわる現場の教師よりもその子に大きな影響を与えることだってありうるのである。実習生という二度とない特別な立場から，教育現場で率直に感じたことや疑問，発見などをこまめに記録しておくことをお勧めする。

【大平　浩樹／公立中学校】

第 9 章　学校と地域の変貌と教師の仕事

　21世紀初頭のいま，全国で進められている学校教育の改革は，1990年を前後とする学校教育における「質的」転換ともいえる一連の改革を指向し，「第三の教育改革」を提起した1971年の中央教育審議会答申「今後における学校教育の総合的な拡充整備のための基本施策について」の全面的具体化を想わせるものである。しかし1984–1987年に内閣総理大臣の下に設置された臨時教育審議会の審議経過・答申とその後の学校への市場原理等の急激な導入による改革は，「第三の改革」提起時点の構想をも凌ぎ，覆し，新しく「再構造化」[1]しながら推進されているところに，その今日的特徴を見ることができよう。1971年の答申では，教師の「一般職業と異なった特質」＝「専門職性」（プロフェッション）を強調するなかで，「教員の養成確保とその地位の向上」「教員資質の向上と処遇の改善」という「拡充整備」構想を提示していたが，それらを現在の「市場原理」「規制緩和」施策のなかに見いだすことはほとんどできない状況となっている。

　本章では，初期「第三の改革」構想を凌ぐほどの，現在の学校教育改革のなかで，教師の仕事をどのように変え，教師にどのような力量と配慮を期待・要請しているかを明らかにしながら教師の父母・保護者そして地域とのかかわりについての特徴を整理し課題を探っていきたい。

1　激変する学校教育環境のなかの教師

　現在進みつつある学校教育改革は，①「新学力」観の提示や少人数指導・国際理解教育等の現代的教育課題にかかわる教育内容や教育方法（指導方法や教育

形態），教育課程，そして指導要録改訂や評価観点・基準の変更のみならず，②学校週5日制や学校評議員制度の導入等の学校教育制度にかかわる変更に端的に表れており，その実施にあたる教師の実践とそれらを支える専門職性に直接的な影響を与えている。しかも，③教育における「競争的環境」の下での「地方分権」化政策もあいまって，「学校選択制」をはじめとする学校教育計画や人事・財政計画の地域・学区による「特色」づくりへと展開してきているといえよう。

1　1990年代以降の学校教育改革の動向

　この中で，教師一人ひとりの教育活動において，より直接的な影響として現れるのは1番目と2番目の点であろう。1番目についていえば，1992年に実施された小学校における教科再編（低学年社会科・理科の廃止と生活科の新設）や中学校における選択教科の拡大，技術・家庭科における「情報基礎」の新設，高校での家庭科共習，社会科の地理歴史科と公民科への分離，世界史必修，学校設置科目新設や総合学科設置・単位制導入による多様化（1994年度以降）にとどまらず，2002-2003年度の学習指導要領全面実施による「総合的な学習の時間」の設置，高等学校での情報科・福祉科の新設というように，学校カリキュラムの領域・教科編成枠が大幅に変更されている[(2)]。さらに，2008年度告示の学習指導要領では，「総合的学習の時間」や選択教科にあてる授業時間数の削減・削除等の新しい変更も加わっている。

　また，これに前後して，評価システムと方法の変更も進められた。1991年度からは指導要録が改訂され，評価観点は「関心・意欲・態度」「思考・判断」「技能・表現」「知識・理解」の順となり，それまでと逆転されたかたちで記載されることとなった。とりわけ生活科においては学習者の主体・個性を尊重するという観点から「指導」ではなく「支援」が強調されたりもした。さらに2001年4月に通知された指導要録の改訂方針には「目標に準拠した評価」が採用され，それを前後して評価の基準と規準の区別とシステム，その内容の変更が急ピッチで全国の各校で進められた。

他方，2番目の学校教育制度自体についても大きな変更がなされている。生涯学習の一環と位置づけられた学校教育は，「学校週五日制」導入を1992年9月から月1回，1995年度から月2回，2002年度から全面実施となり，長い間続いた月から土曜日の生活リズムは一部私立学校を除いて過去のものとなった。これに前後して文部科学省は「学習塾」を「民間教育事業」とし，その「教育機能」の肯定と活用を承認するにいたり，学校教育制度自体の相対化が明示されていった（生涯学習審議会答申，1999年6月）。

また学校支援体制の拡充策として，ティームティーチング制の導入（1993年度からの第6次公立義務教育諸学校教職員配置改善計画の一環）とそれに次ぐ第7次公立義務教育諸学校教職員定数改善計画（2001-2005年度）における「少人数指導」，そして不登校・教育相談への対応としての「スクールカウンセラー活用調査研究委託事業」（1995年度開始）が実施されてきた。ただここで留意しておきたいことは，この第6次と第7次改善計画の間で学校支援的な性格が後退し，「特色ある学校づくり」の具体的な方法として「少人数指導」が活用されはじめたということである。2000年代に入り学校現場で多用されるようになった「特色ある学校づくり」という用語は，教育課程審議会答申（1998年7月29日）で「各学校が創意工夫を生かし特色ある教育，特色ある学校づくりを進めること」と提起されたものであった。さらに「特色ある学校づくり」は，中教審答申「今後の地方教育行政の在り方について」（1997年9月諮問，1998年9月）により，学校長の「リーダーシップ」ならびに地方教育行政への権限委譲に伴う具体的展開手法としても活用されている。このような政策動向を背景に，「特色ある学校づくり」は全国各地で展開されることとなるが，それは「開かれた学校づくり」の提言とも相補関係をもちながら，学校評議員制の普及（2000年度から公式に実施）や特別免許状制度に次ぐ「民間校長」の登用（2000年1月　事務次官通達）等としても具体化されていくのである。しかも，内閣府が統括・推進している行政改革政策における教育関連の構造改革特別区域（「教育特区」2003年度以降）指定による教育改革とも連動しながら学校教育改革が推進されつつあるのが，今日の特徴となっている。ここには公的部門の経営管理におい

て「民間的手法導入の趨勢」があるなかで，学校評価システムや学校組織の構造化（東京都の主幹職，教頭権限の強化（副校長）等）も進行しつつある(3)。

また，2005年度からは栄養教諭が新設され，同年度末には現在の盲・聾・養護学校の「特別支援学校（仮称）」への転換と特別支援教育コーディネーターの配置（中教審答申，2005年12月）や「理科支援員」(2007年度以降予算要求)の配置も予定されており，地域の人々や機関を含めた多様な専門職種，学校教育支援者・機関とのかかわりが拡大する傾向にあるといえよう。

2　「特色ある学校づくり」の特徴

「特色ある学校づくり」については，教育課程審議会では，教育課程基準の「一層の大綱化」「運用の弾力化」「教育内容の厳選」「目標や内容を複数学年まとめる」「1単位時間や授業時数の運用の一層の弾力化」の方向を提示している。それらは学校教育現場においてはしばしば次のような教育活動の課題，形態，方法等として具体化されている。

1つは，「特色ある学校づくり」のテーマとして，通常の教科指導や生活指導にかかわるもの以外に，近年は「生きる力をはぐくむ」という教育政策に直接関わるものや「情報化」「外国人子女教育・外国語教育」「環境教育」「理数科教育」「特別支援教育」「教育評価」「危機管理」等の個々の現代的な教育課題を取り上げている事例である。

2つには，教育計画や教育課程編成を，①学校教育活動にあっても，各教室や各教科・領域で独立させて行うのではなく相互に関連・連携・合同して行ったり，②教師・学校と教育委員会との間で作成するのではなく，地域を含めて立案・実施・評価していく「開かれた学校づくり」という事例である。「総合的な学習の時間」での学習が校内のみならず学外の人々や諸機関との連携を前提とする取組みはその典型であり，その先駆として生活科教育実践が位置づいているといえよう。

3つには，そのテーマ追求のための教職員や教育支援体制（人的・物的・制度的）に力点を置いている事例である。学校での教育活動を企画・実施・運営す

るためには学級担任1人で行うのではなく，複数の教員・職員あるいは学外者とのチームで行うという，教育研修や校内分掌体制が恒常化している。それは，1990年代後半から普及したティームティーチング（T.T.）の導入時の比ではなく，学校教育の指導体制の多様化あるいは複合化にともない，次に見るような新しい職場環境となっているのである。それは校長ら管理職の裁量範囲内での学校経営方針や人事計画に基づく「特色ある学校づくり」の核心的部分ともなっている。

4つには，幼稚・保育園と小学校，小学校と中学校との接続を意識した教育活動（学校階梯間の連携あるいは一貫教育の導入）や，学校と地域の教育・福祉・医療等の機関と連携した教育活動等（たとえば学社融合等，地域連携学習等による教育活動の共同化），等の機関連携を強調している事例である。この場合，連携校の教員の相互交換授業等の場合は各学校長裁量の外にも及ぶ場合もあり，各地域の教育委員会との連携・了解も必要になることとなる。

ここで気づくことは，「特色ある学校づくり」のテーマのもとでは，教科指導にかかわる実践研究・授業研究が表面に出てこないということである。そこで小学校校長会が作成している『全国特色ある研究校便覧』を見てみると，1994-95年度では国語・算数等の「各教科」に関するテーマを掲げた学校の総数が51校（19.3％），「生活科」をテーマとした学校は29校（11.0％）であったものが，2002-03年度には「各教科」の総数は9校（3.3％）と減り，「生活科」はなくなっているのである。2002-03年度には「総合的な学習の時間」が29校（11％）となっていることもあわせて考えると，この約10年間では各小学校での実践研究テーマは，教科に関する実践研究が相対的には後退傾向にあるということである（また同じ年度の資料では，ティームティーチング導入については「指導組織（T.T.）」7校が「指導組織（T.T.・少人数指導・習熟度別指導）」として7校となり，活用状況の変化を幾分か示すとともに，幼小中連携の項目がなかったものが4校となっていた）[4]。

2 学級担任・コーディネーターとしての教師

1 「新しい学力」観と教師——「教えること」から「支援することへ」

このように1990年代以降の学校教育の特質は、「授業で教える」ことから「授業で学ぶ」というような学習指導における重点の転換ともいえる現象が生じていたといえる。その典型的な事例は、生活科の新設と学校教育への支援体制の変化である。

まず、生活科新設にともなう事柄である。それは、教科指導及び教師に授業についての「発想の転換」を強く求めていた。

生活科は、1992年4月、小学校1～2年の社会科と理科を廃止して新設され、21世紀の教科教育改革の先がけとして位置づけられた。生活科では、自然や社会の個々の事実に関しての認識指導に力点をおくのではなく、「自分と身近な人々、社会や自然とのかかわり」を学習対象とし、「自分自身や自分の生活について考え」、その過程で「生活上必要な習慣や技能を身に付け」「自立への基礎を養う」ことを目標とした。生活科新設は、教育課程編成にとっては、次にあげるように教科・領域の構成と目的・内容・方法・その選定理由、従来の教師の指導観・授業観、計画・実施・評価に関わる考え方を問うものであり、教育課程の編成原理の拡張を迫るものでもあった。

1つは、生活科の内容やねらい・目標に関することである。生活科では「具体的な活動や体験は、目標でありながら、内容でもあり、さらに方法でもある」（『小学校学習指導要領解説生活編』）とし、「遊び」そのものが目的でも内容・方法でもあるとされた。そこでは「遊ばせること」だけで教科として成立するのか、「遊びを通して学ぶ」という場合に「何を学ぶのか」「そのときの学びをもとにその先のどのような学びにつながっていくか」等の教材・題材と学習内容、教育目標（教育的価値）の設定の仕方とそれらの関連をどう考えるか、が問われていた。教師は「生活科は教科なのか」「教科としての生活科とは何か」について悩んでいた。

2つには、具体的な教育課程の編成・計画と実施にあたって、学級の内と外

の両面を配慮することを要請していたということである。生活科構想では，学習主体の興味・関心に即した学習スタイルの導入と子どもらの「生活」を教材や教育内容・方法に反映させることを徹底することを求め，従来の「教師主導」傾向にある学習観・指導観・授業形態を問い直す，としていた。そこでは，①学習者の興味・関心に依拠した学習内容，②「座学的学習スタイル」ではない学習指導，③そのための学習素材・題材選定の視点・原理の明確化，④それらを踏まえた担当クラスならではの授業展開が要請されていた。別の言い方をすれば，教科書準拠型ではない担当クラスサイズの生活科授業の創出を担任に要請することとなった。

それと同時に，生活科では担任クラスでの教育活動に力を集中するだけではなく，学級や学年枠をこえた学習形態や子どもらの生活と地域素材を積極的に取り込むことを想定し，学年教師集団あるいは専門的知見・技術を持った学外指導者との共同を従来以上に強く期待するようになっていた。つまり，生活科実践では学級の教育計画のみならず，その外側に位置する学年，異学年・学校外の教育活動を念頭におく，より総合的な教育計画づくりの力量が教師に求められてきたといえる。

生活科実践への取組みでは，これら両側面を視野に入れた教育活動であり，かつ「自立への基礎を養う」という総括的な目標を掲げた教科指導や教育課程のあるべき姿を探し出すことは容易なことではなかった。

3つには，このような指導観・授業観の変更にともなう教育課程の評価にかかわることである。上記のような学習形態や指導観の徹底により，教育課程を学年や学級に応じて弾力的に計画・実施する必要性が強くなるとともに，「形成的評価」「過程評価」としての「ポートフォリオ」「パフォーマンス評価」「記述式評価」等の多様な評価方法の導入を促した。それは，結果だけではなく過程での評価を重視し，子どもと教師で授業を創り出すという積極面をもつとともに，授業の様々な場面での多面的評価を積み重ねることを期待し，そのような力動的な学習場面を構想・組織・運営する力量やそのための見通しをもった判断と再構成する力量が求められていた。しかし，評価観点として強調された

「関心・意欲・態度」「自立への基礎」について何を（対象）何に（基準）によってどう「評価」していくか（方法）についての実証的客観的な方策は必ずしも解明されたとはいえない現状である。

4つには，このような教師・学校教育現場にとっての難問は，教育方法学，教育課程論における理論的な問題をも投げかけているといえる。

つまり，「生活科は，教科か，領域か，その他なのか」というような教育課程の枠組みへの問いは，低学年における教科編成の「合科」「統合」の必要性と妥当性の再検討と，「教科」設定の根拠，教科内容編成の原理・観点の検討をも促した。さらにいえば，教育課程編成にあたっての「生活と科学」「分化と統合」の原則の拡充をも要請しているといえる。

また，学校教育への入門期の教育課程の独自性に関しても検討を要請している。それは，小学校低学年の教育課程は中・高学年以降のそれと同じではなく，入門期ゆえの「未分化」「合科的扱い」「入口総合」的な観点からの編成が必要ではないかということ，別の言い方をすれば，就学前教育との連続性と非連続性，つまり学校階梯・接続に関する問いでもあった。

2　学級そして地域学校をベースに

このように見ると，各教師が担任する学級だけの教育活動を進めるというのではなく，教師は学校内外の教職員や教育関係者，地域住民や社会の諸機関と連携させながら教育活動を創りだすことが求められてきているといえよう。このような教師の仕事ぶりは，これまでも「地域に根ざした教育」や「共育」という言い方で実践してきた教師も少なくないが，現在のようにすべての教師・学校で求められるようなものではなかったといえよう。

これは現代の学校教育に期待されている教師の一つの役割でもあると思われるので，少し具体的に見ておきたい。近年の「教室の場」に，教師以外に教育支援者がどのくらいの広がりをもってかかわっているかを，次の公立小学校の教師からの報告で知ることができる[6]。

◎総合的学習	地域の人材，専門家，人材バンク
	国際理解＝留学生，外国の人
	環境・福祉・コンピュータ＝専門家，民間企業，NPO
◎英語など	NT（ネイティブティーチャー），日本人の英語教師，外国語講師，英語研修講師
◎算数など	少人数加配，TT（ティームティーチング）
◎理科など	出前授業（博物館，大学，民間企業等）
	SAS（サイエンスアドバイザリースタッフ）
◎図書	RAS（リーディングアドバイザリースタッフ）
○水泳指導	水泳指導員
○補助	臨時講師・介護者・学生ボランティア
◎教育相談	スクールカウンセラー，特別支援アドバイザー
○安全指導	消防士・警察官，警備員
◎民間委託会社	カリキュラム制作・教員研修・審査
◎校長諮問機関	学校評議員

　ここには示されていないが，従来も校医や養護教諭，栄養士，主事らは重要な学校教育のスタッフとして教育活動を支援してきていたし，臨時的には水泳指導員や交通安全指導員，防火対策指導員も支援してきてはいた。しかし，上記の◎印に相当する支援者は，研究開発学校等の研究指定校での教員加配という場合もあるが，先に触れたような ①「総合的な学習の時間」の実施にあたって招かれた人，②「特色ある学校づくり」にかかわり「加配」された人（T.T.加配，少人数加配，国際理解加配，人権教育加配等がある），③学校評議員・学校運営委員，④スクールカウンセラー派遣者，⑤カリキュラム制作等を教育委員会から委嘱された人々等，近年の学校教育改革に関わっているであろうことがわかる。つまり，1990年前後からは，先に触れたような「特色ある学校づくり」「開かれた学校づくり」等の施策の具体化にともなって，多様な職種の人々が学校や学級に出入りすることとなったのである。そのことにより，学校支援者の学校教育における位置と役割，そしてそれにかかわる教師・学校の位置と役割が質量ともに変化してきていることが予想される。

　このような学校教育支援体制の変化について，先の小学校教師は「教室の場

における他者の出現」と表現し、「学級王国」を乗り越え「多様な人材による学校教育の可能性」として位置づけようとしている。学校における「他者」なのか、教育支援者になるのか、それら多・異職種による共同的教育のセンター的機能をどう発展させていくかという新しい課題が、ここに生まれてきているといえよう。

ここで触れた2つの側面は近年の学校教育改革の一部であり、その変更が比較的短期間の準備・移行・実施過程であったことを想起することは、必ずしも容易なことではない。しかし、これらの諸事情から、「教育に関わる教師の概念の再検討とともに、学校やその教師独自の役割（専門職性）を明確にする必要性に迫られている」[7]というのが実情ではないだろうか。

3　地域に見つめられている学校・教師

これまで、学校の変化とかかわって教師の仕事の変化をみてきたが、これら学校・教師をめぐる変化は学校外の変化（改革への要請）を色濃く反映している。この学外との連携・連絡づくりの今日的特質については、たとえば校内の組織図（教育計画や学校要覧に掲載）の年代による変遷から推測することもできる。校内の校務分掌は、事務的な内容も含めて学習指導、生活指導、研修と研究という3つの領域・機能は恒常的に設置されながら、地域とのかかわりを含む現代的な課題に対応する特別委員会や専門部等を設置されたりもしている。近年、この特別委員会や専門部等の仕事や役割として、地域連携の企画・運営等を行うことが次第に多くなっているのである。

その外部変化そのものは、多種・多層であるが教師個人ならびに各学校に影響を及ぼしつつある要素として、それぞれ授業評価と学校評価があげられる。

授業評価は、わが国においては「授業研究」「校内研修・研究」として行われてきたものである。新任教師や校内研究領域に関しての集団的な教育実践研究活動であり、そこで教師は授業創造の意義と課題・難しさ等を学びあい、職能開発をしてきているといえる。それが、現在は人事考課制度とのかかわりでの授業評価が行われはじめていることが一つの特質としてあげられよう。人事

考課については，管理職による各教師の全教育活動について学習指導，生活指導，学級経営，職能研修等の柱に即しての評価であり，地域によってはその評価結果を給与等に反映するものとなっている。とくに教諭職にあっては，授業評価・学級経営が評価の重要項目となっており，各人の年間の教育活動計画提出，管理職との面談，授業等の観察，面談……というようなサイクル（PDCA）が構想・実施され，これまでの教師集団での検討会ではない1対1での具体的な指導・助言の形態がとられている。

学校評価に関しては，「自己評価」「学校関係者評価（外部評価）」「第三者評価」という3層構造が提案されている。自己評価とは，校長のリーダーシップの下で，各学校の全教職員が参加し，目標や計画等に即して，その達成状況の把握や取組みの検証・評価を行い，「学校関係者評価」では保護者，地域住民，学校評議員，教職員他の学校関係者等の外部評価者による自己評価結果の検証・評価を行い，「第三者評価」では，各学校に直接の利害関係をもたない専門家等が，自己評価及び学校関係者評価（外部評価）結果等を資料として学校運営や教育活動全般について，専門的・客観的立場から評価を行うというものである。さらに，近年は，地域運営学校，学校運営協議会等による「コミュニティスクール」構想に基づく，地域住民参加型形態も地域によって取り入れはじめている。これらの動向は，教育の地方分権という理念の具体化ではあるが，そこでは①学校統治能力の強化，学校の説明責任の履行，市場原理（学校選択制等）という改革原理が反映している点が特質となっている[8]。

3 実践研究をめざす教師像を求めて

前項では，今日の学校教育現場でのカリキュラム開発の一断面を見てきた。それは断面であり，十全な現状分析によるものではないが，これらの実践から提起されている事柄について，整理してみたい。

1つ目は，ここには教師個人にまず要請される力量とは異なり，学年や学校全体，学校と地域をも包含するような学校教育活動をチームとして創出（プロデュース・オーガナイズ）できる教師群が期待されつつあるということである。

つまり，教科・領域間の教育目標を念頭におき実践課題を設定（デザイン）し，その実現のための学校内外の資源（人とモノとコト）の構成と展開過程を構想（プログラム）し，複数教師と児童生徒との共同的学習場面を創出・再構成（コーディネート）できる教師の姿が浮かび上がってくる。かつて「学級王国」と揶揄されていた教室経営が，現代の学校においては実質的に変わらざるをえなくなっており，「学級や教科を担任しつつ，教科指導，生徒指導等の職務を著しい支障が生じることなく実践できる資質能力」（教養審第一次答申）の形成のみでは，学校教育活動を発展させ新しい教育活動を創出できないということなのである。

2つ目は，教職の「有識専門性」にかかわることである。そこで問われてくるのは，次のような4つの力量である。

第1には，異職種・専門家の出入りを前提とし，かつまとまりをもった教育活動を創り出す現代的な学校経営の力量である。それは，学校と父母・保護者や地域社会との間，学校内の教師と養護教諭，事務・用務員，カウンセラー・医者等の異職種間の協力・共同を念頭において，学校の教育目標を中心となって作成し，その具体化をはかるものである。その際，学校経営をNPM (New Public Management)のアナロジーからの発想ではなく，「学校文化」の活性化・再生という視点から構想するという視点は重要であろう。石井英真は，久冨善之の学校文化の整理と中留武昭の「学校文化を創る校長のリーダーシップ」に着目し，行事・儀式，学校環境，校長の日常の言動の「象徴的・文化的リーダーシップ」の重要性を指摘している(9)。

第2には，学校ならびに学級でのカリキュラムの計画・開発・実施・評価する力量である。それは，上記の実践例をあげるまでもないが「生活と科学」「学力とモラル」「分化と総合」というようなカリキュラムの編成原理を念頭におきながら，具体的創造的に，学校並びに学級でのカリキュラムの計画・開発・実施・評価を遂行することへの要請である。

第3には塾とは違う「学校ならではの学びと生活」を授業・教育活動として具体化・実施・分析・評価・再構成するという力量である。ここでは，「なぜ○○を学ばなければならないのか」という根源的な問いに，一定応え得る知見

と視野が求められてくる。この点にかかわっては，佐藤学の教師の専門職性についての指摘[10]がある。佐藤は「教職を複雑な文脈で複合的な問題解決を遂行する文化的・社会的実践の領域として設定」し，「問題状況に主体的に関与して子どもと生きた関係をとり結び，省察と熟考によって問題を表象し解決策を選択し判断する実践的見識」の不可欠さをあげ，「技術的熟達者」ではない「反省的実践家」像に注目する。この反省的実践家の重要性を，教科の授業実践研究にかかわらせて提起しているものとして，米国学術研究開発学校推進会議の研究[11]がある。そこでは熟達教師と初任教師の資質を比較しながら，「教授学的な知見」と「教科内容に関する知識」とともに「授業を想定した教科内容についての知識」の重要性を強調している。その主張は，戦後の授業研究の動向を整理した田中耕治の次の指摘に相通じるものとして注目しておきたい。つまり田中は「現代化の問い直し」の１つの意味として，「科学や学問の常に消費者や受容者としての教師像を変革して，教師は授業実践という固有の領域を通じて文化の主人公になる可能性があることを示唆した」と述べ[12]，さらにその内容として「簡潔にいえば「授業研究」において教師と子どもたちを「学びの主体」として立ち上がらせる提起であるといえよう。」と指摘した。このことは，米国での学習科学に裏づけられた授業研究が，実は戦後のわが国における授業研究の成果と重なり合うもの[13]であるとともに，今後の授業研究のあり方を示唆するものとして実に興味深いものである。

　第４には，教育臨床・特別支援の領域に関わる力量である。上記３つの土台としての子ども・若者の教育発達課題を抽出・課題化でき，共同的人間関係を育める能力・資質である。そこでは，スペシャル・ニーズに具体的に対応できるスキル習得も含まれてくる。

　これらの諸能力と資質は，いわゆる「勘とこつ」で対処できるものではなく，社会の変化，地域や子どもの教育課題に即して，随時，改善・改訂していく必要のある事柄であることがわかる。つまり，教師に求められてくる実践的指導力は常に改良・改変することが前提であり，そのための資質も前提として求められてくる。それは一度学べば研修はいらないという職種ではなく，「継続的

な学習の機会」「継続教育」(中教審答申, 2002年8月)を常に必要とし, 教職の「有識専門職性」としての特性を意味しているといえよう[14]。

　3つ目のことは, 他の職業との比較から考えられる「ヒューマンサービス」という側面からみた教職の専門職性である。その点については, 同じように仕事の対象が人間である看護婦, 医師, 福祉労働者, 公務サービス労働者, 弁護士等の専門職との比較がヒントになる。八木英二は, ヒューマンサービス労働の特殊性について, ①労働対象が人間であるために業務の範囲が限定されにくい無限定性の特徴をもつ, ②課題達成の不確実性が仕事を困難たらしめるヒューマンサービス固有の本来的メカニズムがあり, ③それらが, しばしば従事者の内面に自責性・無力感を引き起こす誘因となること, ④課題達成の不確実性から仕事の実行責任を問うことができないが, 固有の説明責任を論じることはできること, と整理している[15]。

　4つ目には, 実践性と専門職性を支える実践研究力量についてである。

　今後, 「特色ある学校づくり」「教育の地方分権化」が浸透するにしたがい, 各学校・クラスでのカリキュラム開発と評価, 各学校の独自性と主体性が期待され, より自発的, 創造的, 探究的, 相互連関・有機的・総合的な教育実践活動とその必然性の説明とが求められることになろう。そこでは課題抽出・設定能力や自己省察・再構成能力等が不可欠となり, 別のいい方をすれば, 実践研究的な開発能力・資質が要求されるということではないだろうか。つまり, 実践性を裏づける専門職性を保証するためには実践研究的な研究開発の力量がその基盤に必要であるということである。いうまでもないことではあるが, 教育実践の研究ならびに開発にあたっては研究的資質・能力が不可欠であり, 鍵になっていることを強調しておきたい。

【三石　初雄】

注

（1） 藤田英典 1997『教育改革』岩波書店，1997 年，8 ページ。
（2） 三石初雄「教育課程開発の新しい動き」『新しい時代の教育課程』有斐閣，2005 年，99-129 ページ。
（3） 大桃敏行「教育行政改革と教育行政研究」『教育学年報 10 教育学の最前線』世織書房，2004，457-476 ページ。ならびに河野和清「地方分権化時代における市町村教育委員会と学校」『日本教育行政学会』No.29，2003 年，教育開発研究所，2-17 ページ，佐古秀一「学校の組織とマネジメント改革の動向と課題」『日本教育行政学会年報』No.31，2005 年，教育開発研究所，51-67 ページ。
（4） 全国連合小学校長会編『全国特色ある研究校便覧 平成6・7年度版』および『同 平成14・15年度版』第一広報社。なお，中学校に関しては，同種の資料として全日本中学校長会編『全国中学校研究校便覧』柏心社がある。
（5） 文部科学省主催 「平成17年度研究開発学校研究開発学校協議会（第2回研究開発学校フォーラム）」配付資料より作成，2006 年 2 月 14 日。
（6） 宇土泰寛「教室に現れた他者と学級担任の論理」『関東教育学会紀要』第 32 号，1-13 ページ，2005 年。
（7） 市川博「激動する社会における教師の新たな専門職性の確立へ」『講座教師教育学Ⅲ 教師として生きる』学文社，2002 年，17 ページ。
（8） 河野和清「地方分権化時代における市町村教育委員会と学校」『日本教育行政学会年報』第 29 号，2003 年。
（9） 石井英真「学校文化をどう創るか」田中耕治編著『教職研修 カリキュラムをつくる教師の力量形成』2006 年 6 月号増刊，教育開発研究所，114-117 ページ。
（10） 佐藤学『教育方法学』岩波書店，1996 年，137 ページ。
（11） 森敏昭・秋田喜代美監訳『授業を変える』193-195 ページ。
（12） 田中耕治「戦後授業研究史覚え書き」グループ・ディダクティカ編『学びのための授業論』勁草書房，1994 年，19，23 ページ。
（13） Hatano,G. & Inagaki,K.(1991) Sharing cognition through collective comprehension actirity. In L.B. Resnick, J.M.Levine & S.D.Teasley (Eds.) *Perspectives on socially shared cognition*. Washington, DC.: American Psychological Association. 331-348.
（14） 北神正行「教員免許はなぜあるのか」『講座教師教育学Ⅰ』学文社，2002 年，208 ページ。
（15） 八木英二『ヒューマンサービスの教育』三学出版，2000 年。

考えてみよう
1．あなたの学校での体験と大きく異なる出来事が，いつ，どのような理由で起こったかを調べてみよう。

2．現代の学校で働く教師に求められている力量のうち，あなたが最も大切だと思うことを1つあげ，その具体的な場面を5分くらいのロールプレイ・シナリオにまとめてみよう。

参考文献
日本教師教育学会編『講座 教師教育学Ⅰ 教師とは』学文社，2002年
田中耕治他編『新しい時代の教育課程（改訂版）』有斐閣，2009年

広い視野をもって教育実習をすすめよう〔受入側〕

1　生徒は全身で実習生を迎える

　毎年教育実習生が学校を訪れる。現場にいる教師としては実習生を引き受けることはたしかに負担ではあるが，教育に関する新しい視点に気づくことも多い。生徒たちは"実習"であっても全身で「新しい先生」を迎え，新しい出会いは生徒に「新しい学び」をつくり出すからである。学生が"資格"として教育実習することをまったく無駄とは言わないが，教育現場での負担は大きく，とくに生徒にとっては二度と繰り返すことのできない貴重な学校生活の一部を提供することになることを肝に銘じて参加してほしい。実際の教師としての仕事は多岐にわたっており，そのなかでここでは，① 始業から下校まで「教師」として振る舞うこと，② 教壇に立って教えること以外の教師の力も豊かな学びをつくり出していく上で大切であること，③ 学校という組織の一員として支え合って学校教育は成立することの3点を中心に考えてみたい。

2　教師の仕事に休み時間はない

　教科別に教員免許を取得するためか，教科の指導を中心に教育実習をすすめていくものと考えている実習生がほとんどである。また，それまで大学で授業を受けていた延長線上で考えてしまうためか，実習生は授業時間以外を「本番ではない準備の時間」と考えがちである。しかし，朝登校したときから夜下校するときまで「教師は教師としての仕事をしている」ことを学んでほしい。実際には下校後に自宅に電話が入ることも少なくないのである。実習中であっても，せめて休み時間や放課後，始業前も教師として活動している姿を学んでほしい。

　たとえば，始業前教師は当日の活動の段取りを準備するとともに，登校する生徒の様子を観察する。部活動の朝練習に参加する生徒の姿や教室に入ってくる生徒の表情の変化を見抜くことが生徒理解の第一歩である。部活動に一緒に参加しながら話しかける，登校してくる生徒を教室で迎える，そんな積極性が望まれる。

　休み時間の10分間は教師にとって，次時の準備をするとともに，他の教師と情報交換をし，学校全体の流れをつかんでいく時間である。生徒指導などの急務が生じ，前日までに準備していた通りに授業がすすめられないこともあり，臨機応変に対処していく応用力が求められる。実際の判断は指導教官が行うだろうが，指導教官が他の教師とどのように協力体制をとり，何を重視して次の活動を始めていくか，しっかり観察してほ

しい。その場ではゆとりはないだろうと思われるので，放課後の指導を受ける時間などに詳しい説明を求めてもよいだろう。

放課後の教師の仕事はさらに多岐にわたる。生徒たちのノートや作品などに目を通し，明日からの授業の準備をすることももちろんであるが，実際の教師はそれ以外の実務（生徒指導・学年会・各種会議・保護者などとの対応，等）に多くの時間を費やす。そうした場に実習生がすべて参加することはできないが，"教える"こと以外にさまざまな仕事があることやそれらが有機的につながって教育がすすめられることは実感してほしい。

3　教室での教科指導は教育の一部

教師には教科指導以外に，生徒指導・各種会議・保護者との対応などさまざまな仕事があることを述べたが，こうしたさまざまな仕事が今ますます増えていくと考えられる。多くの情報があふれるなか，知識の伝達という旧タイプの教育では学校教育が成立せず，学校という空間のなかだけで完結しなくなっているからである。「総合的な学習の時間」だけでなく，多くの教育が学校以外の人々や場と連携し，最新情報をつかみ，多様な考え方を理解していくという学習法をすすめている。そのために，地域の方々や学校以外の施設などの打ち合わせや準備にも多くの時間が費やされる。生徒たちにどのような「学習の場」を設定し，どのような「体験」を準備し，どのように外部講師の方とふれあい，学ぶのか。生徒たちに考えさせ，発見させていくために外部講師にはどこまでサポートしてもらい，どこまでの説明で押さえてもらうか。安全面での配慮はどのようにすすめるのか。こうした打ち合わせがきわめて重要なので，機会があれば打ち合わせの場などに同席させてもらい，どのようにお互いの立場を理解し，どのように生徒たちへのアプローチをすすめていくかの話し合いの様子を学んでほしい。こうした"学びを構成していく力"は将来教師となって教育をコーディネイトしていくうえで貴重である。

また校外に体験の場を求めていくときなど，保護者の協力は欠かせない。職場体験を引き受けてくれる事業所探しや生徒引率の補助などをお願いすることも多い。生徒指導や個々の生徒に関する保護者との話し合いなどには，実習生がかかわることはできないが，生徒の学びの場に保護者が参加したり協力してもらう機会は増えてきているので，そうした場での保護者への配慮事項なども学んでいってほしい。

さらに実習期間を終えてからも，積極的に学校以外の学びの場に出かけたり，ボランティアなどで多くの人に会うなど「教育情報の引き出し」をたくさん増やしておいてほしい。教師になったときに「幅広い情報源」をもち，さまざまなものを結びつけ，プランニングしていく力をもっていることが，これからますます求められていくからである。

4　教育はチームワーク

　1人の生徒に多くの人の手が多様にかかわって教育は成立している。これは昔から言われてきたことであるが，教科の枠を超えた総合的な学びが重要となっている今，あらためて教育はチームワークですすめられるものであることを意識したい。また中学・高校では学校行事や総合的な学習を学年単位ですすめていくことが多く，さまざまな年齢層・立場の先生方と協調性をもって，立案・実行していく力が必要となる。

　それまでの生育歴からなのか，人間関係が希薄になりがちな学生や新任教師が多くなってきているように感じている教師は少なくない。実習期間にかぎらず，教育的なボランティア活動に参加するなど，多くの人たちとふれあい，相手を尊重しながら折り合いをつけて共同作業をすすめていく術を身につけていってほしい。実習中も指導教官だけでなく，事務室や給食室で勤務される方へも目を向け，話をする機会をもつなどの積極性が望まれる。学校は実に多くの方々の手によって運営されているのである。

　教科指導以外の教師のさまざまな側面から実習生に望むことを述べてきたが，最近の実習生や新任教師の傾向として実習を終えてすぐに教職に就くのでなく，他の職業経験を経て教師になる人や，講師などである程度学校を知ってから教員になる人が多いように感じる。こうした経験は教員としての幅を広げる意味で貴重である。実習期間だけで「教育実習が済んだ」と思わず，むしろ教職につくまでの人生経験すべてが教育実習と考え，多くのものを吸収して学校現場に新風を吹き込んでほしいと期待している。

【高城　英子／公立中学校】

第10章　教育実習をどう生かしていくか

　学校での教育実習は，教員免許取得に至る過程のなかで，ハイライトとも感じられる経験である場合が多い。この章では，学校実習の終了後にその経験を振り返り向き合うことの意味を，大学での学びのなかで教育実習を位置づけ直すこと，さらに教職キャリアを通しての成長に向かう1ステップとして確認すること，という2つの点から考える。大学学部段階の履修生を念頭において記述する。

1　大学の学びのなかで「教育実習」を再確認する

1　事後指導の意味と課題

　大学の教育実習の授業では，学校実習が終了した後に「事後指導」が設定されている。

　事後指導は，自分自身の教育実習について反省と整理を行い，それを通して，残された大学生活のなかで取り組むべき課題を発見する機会である。

　実習の意義の1つが，実習後に自分が大学でなすべき研究課題の発見と探求活動への動機付けであったことを思い出してほしい（第1章参照）。それを可能にするためには，当然，実習に臨むにあたって事前に自分自身の課題を明らかにしていることが前提である。事後指導では，まず，事前にたてたそれらの課題に対応させるかたちで，自身の到達点と次に必要なことは何かを検討することになる。もし，この段階で，事前の課題の立て方そのものが未熟であった，あるいは勝手な思い込みによるものであったという面が見えるようになったとすれば，それはあなたが成長したことの証である。

　実習を通じて，教科についての知識が決定的に不足していることを痛感した，

というのは多くの実習終了者が述べる感想である。では，その不足している知識を獲得するためには，今後，どのような学習・研究のしかたが必要なのだろうか。事前に準備していたつもりの教材研究で組み立てた指導案が，子どもの実態に見あわず，修正を迫られたことはなかっただろうか。あったとすれば，それは子ども理解・その子どもの暮らす地域理解に関するあなたのどのような弱点を示していただろうか。一人ひとりの子どもと学級・クラブといった集団との相互関係は見えてきただろうか。力量のある教師は，形式としては一斉授業でありながら，個別の子どもにまでそのまなざしを届けて子ども集団の学びあい・教えあいを組織しているものである。

　教師の側の立場で何週間かを学校のなかで過ごせば，学級経営・生徒指導・学校と地域の連携など，教科指導以外の教師の仕事の領域が具体的に見え，また，それらが相互に分かちがたく結びついていることも理解できてきただろう。さらには，それぞれの領域での活動が，子どもと具体的に接する場面での個々の教師や職員の実践であるだけではなく，学校という組織体として組み立てられていることも見え始めているにちがいない。事後指導を含めて，実習後には，印象的だった個々の体験を語るだけではなく，これら学校教育活動の諸側面全体を見渡すつもりで自分の教育実習をふりかえり，経験を再構成していくことが大切である。日々，記入していった教育実習日誌を，あらためて通して読み直すことは有効な手がかりとなる。

　事後指導の授業では，実習生どうしがお互いの体験を交流する形式が取り入れられることが多い。これは，単に楽しいおしゃべりの時間ではなく，自分の体験を絶対視せず，対象化・相対化していくための手続きである。実習はさまざまな地域・条件の学校で行われており，また同一校での実習であっても学年・クラス・教科・指導の先生の違いなどによってどれ一つとして同じ教育実習はありえない。ゆえに，それぞれの体験を交流することによって，学校・教師・子どもの「現在」を自分の体験の範囲を超えてより広く理解することができる。同時に，体験の語りには，それぞれの実習生の「過去」の教育体験が投影され（自分たちが中学生の時は○○だったけれど実習校の子どもたちは……），さらには「未

来」への方向性（自分は先生が××するのが嫌だったから△△するようにした）も含まれている。過去－現在－未来をつなげて考えようとすれば，体験を研究的に分析しようとすることになろうし（20年前の14歳と現在の14歳がおかれている状況の違いは何でそれはどのような要因によるのか），そのためにさまざまな分野の理論的蓄積を学ぶ必要性が自覚されるだろう。体験至上主義－現場体験さえあれば，教科や教職に関する専門教育などさして重要ではないとみなす傾向－に陥らずに，体験を通して新たに次の段階の課題を発見し，探求し続けることに，大学における教員養成としての教育実習の意味がある。

2　人生の次のステップに向けて

　教育実習は，教職への適性を判断し進路を考える機会でもある（第1章参照）。周囲から「あなたは先生に向いているね」「是非とも教員になってほしい人材だ」といった評価を受けることは励みになるが，ここでいう教職適性の判断は，もちろん，他者から適否を判定されることではない。自らの適性を見きわめ，教師という職業を選び取るか否かを自己決定することである。ただし，自分は教職への適性がないという結論を出した場合でも，実習を「良い（場合によってはつらい）思い出」としてしまい込んで終わってほしくはない。

　事後指導は，教育実習で体験した具体的な事実から何を学び取るのか，を自分に向かって問いかける場である。ナマの体験を自分の力でとらえ直していくことが自己理解の深化につながり（第3章参照），同時に，自分の経験を問い直すことは他者理解を深めることでもある（第8章参照），ということを考えるならば，それは教師以外の道に進む人にとっても重要な機会である。体験からの学び方や課題の見つけ方，問題を整理検討する力をつけるという点で，意味は大きい。

　さらに，事後指導の時間も含めて実習終了後に必要なのは，教育実習をどう生かしていくのか，という視点から学生生活全体をふり返り，今後のことを考えることである。つまり，教員免許の取得をめざしていた学生の状態から，次の段階――教師であれそれ以外の職業であれ，大学院など他の教育機関への進

学であれ——へ移行するという時期にあたって，教育実習を含めて教職課程を履修したことは自分にとってどういう意味をもつのかという視点から大学時代の学びを意味づけしなおすということである。ある段階を終了したことを単に「クリアした」とだけとらえるのではなく，また，対外的な証明（私は○○の資格があります；△△の経験をもっています）を積み重ねるだけでもなく，それらのことが自分にとってどのような意味をもつのか，今後のためにそのことから何を学ぶべきなのかを考えていってもらいたい。

　教育実習を経ることで教師になるという希望と覚悟を確かにした人であれば，大学で何を学んできたかを振り返りながら，教師になるという軸が自分の中で固まってきた過程を確かめてほしい。それは，所与のもの，外部的に用意されたものとしてあったカリキュラム——学部卒業のための専門カリキュラムであれ，教職課程であれ——に従って履修してきた何年間かの歩みを，教師になるという軸を定めて自分自身が再構成するということである。正規のカリキュラム以外のさまざまな体験や大学生活全般を含めてこのような振り返りを行うことは，教職キャリアに向かうにあたって，自分の教師としての初心を確認する作業でもある。

2　教職キャリア全体のなかでの「教育実習」

　教師という職業に就く前に，教員養成の段階で修得すべき「最小限必要な資質能力」については，「採用当初から学級や教科を担任しつつ，教科指導，生徒指導等の職務を著しい支障が生じることなく実践できる資質能力」であるという説明がなされている[1]。「実践的指導力」の「基礎」をつくるのが養成段階の課題だということである。2010年度学部入学生からは，この「最小限必要な資質能力」が形成されたかを最終確認し，教師になるうえで何が課題であるのかを自覚し，不足している知識や技能を補い定着を図り，教職キャリアをより円滑にスタートするための科目[2]として事後指導の後に「教職実践演習」が課される。以下では，教師として生きるこの先の教職キャリアを見通して，「基礎」づくりの終わりの時期に位置する教育実習をどう生かしていくのかを考え

る。それ自体として完結した期間をうまくやりぬくことができたかどうか，ということではなく，教職課程を履修し始めたときから今後に向かって続く専門職としての成長 professional development の基盤をつくるという視点から教育実習を考えることになる。

1 実習を終えた学生として

　本書では，教員免許取得までに出会うさまざまな現場体験・実習の機会を一連のものとしてとらえて狭義の教育実習と関連づけようとしてきた。実習を終えて教師をめざす段階では，観察・参加が中心だった体験的機会と教師としてひとりで子どもの前に立った教育実習とを一連のものとしてとらえると同時に，それ以前の体験との質的な差異は何であったのかを自分の中で明らかにすることが必要である。これは，お兄さん・お姉さん的な立場で子どもに接していた状態から目の前の子どもに必要なことがらを今もっとも適切なわかりやすさ・むつかしさで課していく教師の立場へ，また，「学ぶ」ことを主とする立場から「教える」ことを主とする立場へ，という移行を確かめることである。

　「経験のなかで，より能動的なもの，意志的で決断や選択をともなうもの」が「実践」である[3]なら，教師の立場に移行するとは，実践するための決断や選択を行えるようになることである。子どもは想定していたようには反応しないし，毎日，毎時間，状況は変化・流動し，予想のつかない展開をみせる。そのなかで，問題を先送りしないで，その時その場で即座の判断を下すことを積み重ねているのが現場での実践のあり方である。

　実習期間中は，担当の先生に伴走されながら指導案をねり，それに基づいて授業を実施し，授業を見てくださった先生方や実習生仲間からの講評・撮影したビデオ・生徒からのアンケートをもとに自分の行った授業を反省し，ということを何回も繰り返しただろう。これは，実践−省察 reflection のサイクルである。実習期間ほど，自らの判断に関して多角的・多量な反応を提示してもらえる機会はなかなかない。実習中に繰り返したこの実践−省察 reflection のサイクルを，確かなものとして自分のものにしておくことが，教職生活にむけて

必要である。教科や生徒指導について，自分で設定してみた課題を大学の教員に相談して指導を求め，ティーチングアシスタントなどで学校に関わりながらその課題を考え続けるといった方法が考えられる。

　実習を終えた段階で，自分の今後の課題を考える際，例えば，授業についてなら，1時間分の授業をさらによりよいモノにするための課題，与えられた単元に限定した教材・指導法の改善課題にとどまるのではなく，一段階上のレベルで考えてほしい。①授業を参観し，それを再現し，検討する「教育研究」の方法，②子どもの発達段階についての理解，③指導技術（教師の質問の明確性や説明・発話，教材提示の妥当性），④教科への専門的理解・背後の教養[4]といった分節化のしかたで課題を考えるということである。

2　教職キャリアのスタートに向かって

　教育実習に行く前の学生，実習終了学生，現職教員の三者のあいだで，教職観がどのように異なるかを調査したデータによると，実習を終了した学生は，「個人の創意工夫が生かせる」「子どもの人格のあらゆる側面に関わっている」といった点で，現職教員よりもポジティヴな認識を持っているという。これは，実習生活が，通常の教員生活以上にポジティヴな体験をできるように，現職教員によって配慮されセッティングされていることを示している[5]。教育実習で大事なことを学びとったと感じている事柄は，何を見た・経験したことによっているのかということは意識されているだろう。では，そのあなたの学びとりを，指導教員の側から見直すとどうなるだろうか。あなたの学びとりにとって，指導教員から指導助言・言葉かけ・態度をなされた（あるいは，なされなかった）ことが契機となっているのか，なっているとすればそれはどのようなタイミング・内容であったのか。また，間近に見た学校職場の現状を踏まえて，現職教師として仕事を始めた際に，どのようにして生徒の実態に即した授業の質を担保できるだけの教材研究をするか，どこにその勉強の機会をつくるかのイメージをもとうとしてみよう。このようなことを支点にすることで，実習を終えた学生から教師——やがて実習生を指導できる先輩教師——へと視点を転

回していこう。

　変化の激しい今の時代，学校評議員制度や学校評価の導入など学校・教師と社会との関係もかわりつつあり，学校外に対して説明責任を求められるようになっている。総合的な学習の時間や体験学習などで，専門的な知識・技能・経験をもっている人々に授業への参加をお願いしたり，特別な教育ニーズをもつ子どものためにボランティア・アルバイトとして学生・保護者などがかかわったり，教育観・教育方法について日本とは異なる前提をもつ外国語のネイティブスピーカーが教壇に立つなど，学校教育にかかわる人々は，以前とは比べものにならないほど多様になってきている。さらに，学校教育が福祉や医療関係者など分野・職種の違う人たちと，子どもの成長にむけた役割分担をし協働をくみ上げていく必要性は，子どもや家庭の複雑な問題，特別支援教育の導入によって高まっている。教師には，これらさまざまな人々の力を引き出し，よりあわせていくコーディネーターとしての力が求められるようになっている（第9章参照）。また，保護者との関係づくりはもっとも難しいことのひとつになってきているが，単に迅速かつ顧客（保護者）の満足を調達できるようにクレームを処理するという姿勢ではなく，子どもを育てる協働者としての関係を深めるような働きかけができることが理想だろう。多様な関係者と，抽象論ではなく具体的な文脈を共有しながら，実態を見きわめ課題を設定し問題解決の方向性を探る力が必要になっている。自分の授業の改善を考えていた教育実習から，学校教育の問題の解決を考える教師へと成長していってもらいたい。

【高野　和子】

注
（1）　教育職員養成審議会第一次答申『新たな時代に向けた教員養成の改善方策について』1997年7月。
（2）　中央教育審議会『今後の教員養成・免許制度の在り方について（答申）』（2006年7月11日）の提案による。
（3）　藤枝静正『教育実習学の基礎理論研究』風間書房，2001年，475ページ。
（4）　日本教育大学協会「モデル・コア・カリキュラム」研究プロジェクト『教員養成の「モデル・コア・カリキュラム」の検討――「教員養成コア科目群」を基軸にしたカ

リキュラムづくりの提案―』(2004年3月31日)，23ページ。
（5）　紅林伸幸・川村光「教育実習への縦断的アプローチ―大学生の教職志望と教師化に関する調査研究（2）」滋賀大学教育学部紀要（教育科学篇）第51巻，2001年。

考えてみよう
1．教育実習を通して，教師という職業に対するあなたの姿勢はどのように変わったか。自分自身の将来設計との関係で述べなさい。
2．教師になるうえで自分に不十分である点はなにか。最重要課題と考えることを，その理由とともに，ひとつあげなさい。

参考文献
日本教師教育学会編『講座教師教育学Ⅲ　教師として生きる―教師の力量形成とその支援を考える』学文社，2002年

指導教員から（特別支援学校での介護等体験）[受入側]

　私は，実際に介護等体験を通じて障害をもった方々と接することに魅力を感じ，特別支援学校の教員を志した者のひとりである。それまでの夢であった教員という仕事に，障害児とかかわっていきたいという思いが重なり，決心した。

　もともと私は，中学・高校の社会の教員になりたいと思っていた。高校時代に世界史の授業で歴史の奥深さに魅了され，将来は世界史の教員になることを考えて西洋史学を専攻した。それまでの私は，障害をもった方々と接する機会はほとんどもったことがなかった。しかし大学3年の9月に，重度知的障害者通所施設で介護等体験を行うことになった。私は大学でのガイダンス以外には事前になんの準備もせず，知的障害をもつ方々に対する知識を何ももたないまま，5日間の体験を迎えた。はじめはどのように接していいかわからないばかりか，これまで経験したことのない環境で戸惑うことばかりであった。そのなかで，私は自閉症のAさんといっしょに生活することになった。その方は，自分の意思を言葉で表現することがなく，こちらから「服を脱いで着替えましょう」とか，「どうぞ食べてください」という指示を手がかりに行動される方であった。5日間の体験の間，着替えや食事，排泄の介助をしたり，レクリエーションなどをいっしょに行ったりしていたが，そのうちに，自分のなかにあった緊張や不安などが徐々に解けていくのがわかった。ほかの方にも自分から話しかけることができるようになったとともに，自分も利用者の方々から名前を覚えられ，話しかけてもらえることも多くなっていった。そして体験の最終日，いつものように毎日の日課を淡々とこなすAさんとともに，最終日という感慨に浸る間もないくらい，忙しく動き回っていた。いよいよバスに乗ってお別れが近づいたとき，はじめのころの不安や緊張や，次第に慣れていろいろな人と楽しく過ごせるようになったこと，そして5日間まったく変わらず，ふだん通りに過ごしたAさん……いろいろなことが思い出された。また会いに来ようと心に決めながら帰りのバスに手を振っていると，5日目ではじめて，Aさんが少しこちらの方を向いてくれたのである。もしかしたら偶然かもしれないが，そのときの私にはAさんと心が通じ合えたような気がして，それまでの苦労や不安をすべて忘れさせてくれる出来事となった。そのときの経験がきっかけとなり，私は障害をもった方々と接することに興味をもちはじめたのである。

　それからしばらくして，2日間の特別支援学校での体験を行った。社会福祉施設での経験から，私はこの体験を心待ちにしていた。私が体験させていただいたのは，小学6年生のクラスで，男女2人ずつの4名のクラスである。そのクラスの子どもたちは，朝登校してくると自分たちで着替えをすませ，自発的に体育館に朝のマラソンに行くので

ある。また，毎日自分の貯金箱に100円を入れるのを日課としていた。担任の先生によると「金銭感覚を養い，お金は大切なものだということ，きちんと貯金して計画的に使うということを教えるためにやっている」とのことであった。私はその2日間で，子どもたちの「できることの多さ」に驚いた。とくに「自分のことは自分でする」という意識を一人ひとりがしっかりともっていることに強く感心した。それと同時に，貯金箱の実践のように子どもたちの将来を十分に見据え，指導面でたくさんの工夫をなさっていた先生方の姿に深く感銘を受けた。厳しさのなかにも子どもたちを思う気持ちが，突然入れてもらった学生の私にも十分伝わってきて，あらためて教育の素晴らしさ，特別支援学校のよさを知ることができた。

そのような経験の後に，中高教員免許取得のための教育実習を母校の公立中学校で行った。2年生の社会科を受けもったのであるが，そこにもやはり学習面や生活面で特別な教育的支援を必要とする生徒がいた。指導してくださった先生から，集団を基本とする通常学級の授業形態のなかで，周囲に配慮しながら個に応じた指導を行うことの難しさや，まだまだ誤解されやすいデリケートな問題とされており，学校の内外を問わずしっかりとした認識を十分に得られていない状況であること，しかしそのような生徒は確実に増加しており，通常学校の教員も特別な支援を必要とする生徒に対する正しい認識と理解が不可欠であるということを学んだ。

社会福祉施設での5日間の体験と特別支援学校での2日間の体験に加えて，中学校がかかえる問題にも直面した私は本格的に障害児教育についてしっかりと学びたいと考え始めた。そこで特別支援学校の免許を取得し，将来は特別支援学校の教員になりたいと思い，東京学芸大学の特殊教育特別専攻科へ進んだ。ここでは，1年間で特別支援学校の免許を取得できるだけでなく，専門的な知識をしっかりと身につけることができる場であり，障害児教育に対する自分の考えを深めることができた。

特別専攻科在籍時の10月に行った3週間の教育実習の体験は，これまでの介護等体験のような楽しい思いばかりでなく，自分が教員になったら何ができるだろうか，何をしなければならないだろうかということを考えさせられた，とても意義深いものであった。実習先で受けもったのは高等部3年生で，比較的軽度の知的障害をもつ生徒たちのクラスである。そこでは目前に迫った卒業後の進路というものが大きく立ちはだかり，それに向けて先生方も生徒たちも本当に懸命に努力していた。卒業したらこれまでとはまったく違う厳しい社会に出て，立派に生活していかなければならない。そんな緊迫した空気が，高校生らしい情熱的な雰囲気のなかにもしかし確実に漂っていた。思い返してみると，そんな空気は自分自身の高校3年生のときととても似ていたような気がする。私はそんな彼らを，教師としてどのように後押しできるだろうかということを強く考えさせられた。少し話しただけではいたって普通の高校生だが，生活を共にしながら深くつき合ってみると，やはり特有の課題や克服していかなければならない問題も多い。彼ら

自身についてもっと深く理解していくことと，彼らにとっての「幸せ」や「よく生きる」ということについても真剣に考えていかなければならない，そう思った。

　介護等体験や教育実習を通じてさまざまなことを学び，考えさせられた。はじめは障害をもっている方々と接することに対する，純粋な悦び，楽しさ，それから伸び伸びと学ぶ特別支援学校の子どもたちの姿，できることをたくさん増やす先生方の指導の工夫や教育の素晴らしさなど，自分にさまざまな影響を与えてくれるチャンスにめぐり合うことができた。一方で軽度の障害児と接し，深くつき合うことで見えてくる問題の難しさと奥深さを知った。

　今，私は肢体不自由特別支援学校で，最重度の子どもたちを担任している。医療的なケアが必要な子どもたちで，本当に小さな小さな命のともし火を懸命に灯している子どもたちもいる。そのなかで今私が思うのは，教師として，子どもたちの成長を助け，彼らのもっている力を最大限伸ばすために常にはたらきかけていく存在でありたいということである。子どもたちが新しいことに気づき，発見する喜びをもち続けながら，強くたくましく生きていくことを願っている。そのためにわれわれが忘れてはならないのは，いつも子どもたちと正面から向き合い，「その子にとって」という，子どもの視点に立って物事を考えることだと思う。それと同時に，子どもたち一人ひとりの個性を尊重しながらそれぞれの子どもたちが，それぞれのかたちで輝ける，そんな社会をつくっていくことだと思う。私は障害をもつ方々から，自分の進むべき道を教えられ，この仕事の素晴らしさに気づくことができた。今度は私がそれを子どもたちに還元していく番だという思いが，いまの私を動かしているのである。

　障害児教育は，2007年度から特別支援教育として新たなスタートを切った。健常児も障害児も同じ教育の場でともに学ぶ時代になり，「障害児」や「健常児」という区別や障害の軽重，種別を超えた，子ども一人ひとりにスポットを当てた教育の時代である。それだけに，実態が一人ひとり大きく違う子どもに対する教育的アプローチも多様なものが求められる。既存の方法や見方にとらわれない発想や視点をもち，一人ひとりに応じた指導をしていかなければならない。それと同時に常に子どもの将来の姿を思い描きながら指導にあたり，子どもと社会をつなぐ架け橋となる役目も大切になる。そのため，教員には豊かな「発想力」と「想像力」が求められる。これから教員になることを志す方々には，決まった方法や考え方，見方に縛られることなく，自由で，柔軟に物事を考える姿勢を大事にしてほしいと思う。子どもたちの隠れた力や能力を見つけ，伸ばしてあげるためには，教員もさまざまな角度から物事を見て，柔軟に受けとめることが必要になる。これまで培われたものに，常に新しいアイディアが融合して，子どもたちが成長を見せてくれて，さらにそれを糧に教員も成長できるのである。新しいアイディア，発想，個性を子どもたちはみんな待っている。　【丸尾　大樹／公立特別支援学校】

索　引

あ

ILO・ユネスコ「教師の地位に関する勧告」　8
飛鳥山遠足　148
「新しい学力」観　171
一斉授業　127,186
インターンシップ　16,22,32,99
オープンな問い　127

か

介護等体験　16,43
　　　──と学校現場　46
　　　──と自己理解　47
　　　──に必要な心構え　48
　　　──の概要　43
　　　──の趣旨　43
　　　──を行う意義　44
介護等体験証明書　58
介護等体験特例法　43
開放制　15,69,76,77,82,83,85,88
カウンセリング・マインド　50
学習指導案　117,143
学習指導要領　120,148,175
学習指導要領（試案）　143
学習の形態　123
学級ベースから地域学校ベースへ　173
学校支援ボランティア　22,32
学校評価　175
学校評議員制　168
課程認定　82,83
カリキュラム　120
観察　103,104,105,109,129,
教育実習　13,14,21
　　　──の充実　22
　　　──公害　78,90
　　　──日誌　14,101,106,107,108,112,113,186
教育職員免許法　11,12,14,22
教育職員養成審議会第一次答申（1997）　22
教育相談　156
教員養成コア科目群　26
教科横断的な学習　149
教科書　119

教材研究　118,119,186
教師の専門職性　178
教職実践演習　13,79,94,188
教壇実習　72,77
協力校　73,83,87
汲み取る構え　126
研究授業　113
恒常的実習　31
個人の尊厳　44,45
子どもの生活感情　158
子ども理解のカンファレンス　157
コミュニケーション　45,46,47,48
　　　──の不成立　47
今後の国立の教員養成系大学・学部の在り方に関する懇談会　25

さ

参加　103,104,109
事後指導　71,185
事前学習　53
事前・事後指導　14,33,34,85,86
事前指導　71,86,100,101
実習　103,104,110
実習内諾　100
実践研究　69,70
実践的指導力　94
　　　──の基礎　21,188
指導教諭　117
師範学校　18,76,88
師範タイプ　78
社会福祉施設　43,44,48,55
　　　──における介護等体験　55
社会連帯の理念　44,45
授業構成　122
授業（の）評価　130,175
宿泊研修体験　29,30
守秘義務　51
省察　34,189
省察的実践　33
初任者研修　81,91,94
生徒指導　152
　　　──観の転換　154
　　　──・生活指導　142

生徒という視点　121
全国私立大学教職課程研究連絡協議会　91,95
専門職としての教師　176
専門職養成　67
総合学習　148

た
大学における教員養成　13,18
体験的カリキュラム　22,29
体験としての学び　45
体験と省察の往還　28
体験日誌　58
単元　117
「地域教師教育機構」構想　95
「地方分権化」政策　167
中央教育審議会　90
　　──答申（1971年）　77
　　──答申（2006年）　15,80
つなぐはたらきかけ　128
東京教師養成塾　18,75
「特色ある学校づくり」　168,169
特設道徳教育　150
特別活動　143
特別支援学校　43,44,48,54
　　──における介護等体験　54
特別支援教育　47

な
二重履修　74

日本教育大学協会　25

は
発達障害　47
発問　125,126,127
ハラスメント　51
評価票　14,88,107
藤枝静正　18,69
附属学校　36,72,83,84,92,93
プレゼンテーション　125,126
フレンドシップ事業　29,30
閉鎖性　15,82,85
平和学習　144,146,148,149
ペーパーティーチャー　89,90,94
僻地・複式教育実習　32
母校実習　72,79,83,88,92,93
本時の目標　122

ま
免許更新制度　90,94
モデル・コア・カリキュラム　25,26

や
ユネスコ「教師の地位と役割に関する勧告」　8

ら
リフレクション　157
ロジャーズの3原則　50

シリーズ編集代表

三輪　定宣（みわ　さだのぶ）

第15巻編者

高野　和子（たかの　かずこ）

 1954年　大阪府生まれ
 明治大学教授（教師教育政策・制度）
 主要著書（共著）　浦野東洋一・羽田貴史編『変動期の教員養成』同時代社
 訳書（共訳）　G.ウィッティー『教育改革の社会学』東京大学出版会

岩田　康之（いわた　やすゆき）

 1963年　東京都生まれ
 東京学芸大学准教授（教員養成史，教師教育カリキュラム）
 主要著書（共著）　TEES研究会編『「大学における教員養成」の歴史的研究』学文社
       久冨善之編『教師の専門性とアイデンティティ』勁草書房

［教師教育テキストシリーズ15］
教育実習

2010年4月25日　第1版第1刷発行

編者　高野　和子
　　　岩田　康之

発行者　田中　千津子

発行所　株式会社　学文社

〒153-0064　東京都目黒区下目黒3-6-1
電話　03（3715）1501（代）
FAX　03（3715）2012
http://www.gakubunsha.com

©K. TAKANO/Y. IWATA 2010

印刷　新灯印刷

乱丁・落丁の場合は本社でお取替えします。
定価は売上カード，カバーに表示。

ISBN 978-4-7620-1665-3

教師教育テキストシリーズ
〔全15巻〕

編集代表　三輪　定宣

第1巻	教育学概論	三輪　定宣 編
第2巻	教職論	岩田　康之・高野　和子 共編
第3巻	教育史	古沢　常雄・米田　俊彦 共編
第4巻	教育心理学	杉江　修治 編
第5巻	教育社会学	久冨　善之・長谷川　裕 共編
第6巻	社会教育	長澤　成次 編
第7巻	教育の法と制度	浪本　勝年 編
第8巻	学校経営	小島　弘道 編
第9巻	教育課程	山﨑　準二 編
第10巻	教育の方法・技術	岩川　直樹 編
第11巻	道徳教育	井ノ口淳三 編
第12巻	特別活動	折出　健二 編
第13巻	生活指導	折出　健二 編
第14巻	教育相談	広木　克行 編
第15巻	教育実習	高野　和子・岩田　康之 共編

編集方針
① 教科書としての標準性・体系性・平易性・発展性などを考慮する。
② 教職における教育学の魅力と重要性が理解できるようにする。
③ 教職の責任・複雑・困難に応え，その専門職性の確立に寄与する。
④ 教師教育研究，教育諸科学，教育実践の蓄積・成果を踏まえる。
⑤ 教職にとっての必要性・有用性・実用性などを説明・具体化し，現場に生かされ，役立つものをめざす。
⑥ 子どもの理解・権利保障，子どもとの関係づくりなどが深められるようにする。
⑦ 教育実践・研究・改革への意欲，能力が高まるよう工夫する。
⑧ 事例，トピック，問題などを随所に取り入れ，実践や事実への関心が高まるようにする。